AMRA

Lucy Cavendish

ORAKEL der MEERJUNGFRAUEN

Begleitbuch zu den 45 Karten mit Botschaften & Legetechniken

Aus dem australischen Englisch
von Marion Zerbst

AMRA

Besuchen Sie unseren Shop:
www.AmraVerlag.de

Ihre 80-Minuten-Gratis-CD erwartet Sie.
Unser Geschenk an Sie … einfach anfordern!

Australische Originalausgabe:
Oracle of the Mermaids

Ein Kartenset im AMRA Verlag
Auf der Reitbahn 8, D-63452 Hanau
Hotline: + 49 (0) 61 81 – 18 93 92
Service: Info@AmraVerlag.de

Herausgeber & Lektor	Michael Nagula
Schachtelgestaltung	Guter Punkt
Layout Begleitbuch	Birgit Letsch
Kartenillustration	Selina Fenech
Kartendesign	Torge Niemann
Druckerei	Ren Medien GmbH

ISBN 978-3-95447-050-1

Published by Arrangement with Blue Angel Publishing®
80 Glen Tower Drive, Glen Waverly, Victoria, Australia 3150.
Dieses Werk wurde vermittelt durch die Literarische Agentur
Christian Schweiger, Waldschmidtstraße 2, D-93458 Eschlkam.

»I … I wish I could swim
like the dolphins,
like dolphins can swim …«

Heroes, David Bowie

»Du … könntest du schwimmen …
wie Delfine, Delfine es tun …«

Helden, David Bowie

INHALT

Die Botschaften

EINLEITUNG

Es kommt mir vor, als sei es schon eine Ewigkeit her, und doch ist es erst gestern gewesen: Als kleines Mädchen umwickelte ich meine Beine mit Stoff und band sie so zusammen, dass sie wie der Schwanz einer Meerjungfrau aussahen. Mit diesem komischen kleinen Patchwork-Schwanz stürzte ich mich ins blaue Nass und schwamm unter Wasser, so weit ich konnte: Ich schlängelte mich einfach aus der Taille heraus hin und her, so wie ich es bei schwimmenden Delfinen beobachtet hatte.

Zuerst schaffte ich nur eine einzige Länge des Schwimmbeckens, dann zwei, und irgendwann waren es schon fast drei ... Mit der Zeit konnte ich den Atem immer länger anhalten ... Mein Bauch wurde schlank und muskulös ... Und doch gab es etwas, was mich unsäglich verwirrte und frustrierte: Warum nur, warum konnte ich unter Wasser nicht atmen? Denn ich glaubte felsenfest daran, eine Meerjungfrau zu sein, die sich irgendwie ins Element der Luft verirrt hatte und nun dort festsaß.

Diese Geschichte habe ich inzwischen schon unzählige Male erzählt, nicht nur in meinen Vorträgen und Workshops, auch in einigen meiner Bücher.

Und immer wieder kommen Leser und Zuhörer auf mich zu – Männer ebenso wie Frauen – und erzählen mir genau die gleiche Geschichte: Auch sie haben sich als Kinder die Beine zusammengebunden, sich in die Wellen am Strand oder den Swimmingpool im Garten gestürzt und dabei das Gleiche gedacht wie ich: Alle hielten sich für Meerjungfrauen oder Wassermänner!

Worin besteht die unendliche Anziehungskraft dieser Geschöpfe, die halb dem Reich des Meeres und halb dem Element der Luft angehören? Warum kommen Meerjungfrauen (denn meistens handelt es sich um weibliche Wesen) in allen Kulturen unseres blaugrünen Planeten vor, die eine Beziehung zum Wasser haben? Und was können diese geheimnisvollen Wesen mit ihren Kämmen und ihrem langen, wilden Haar, ihren melodischen Gesängen und ihrer imposanten Kraft uns heutzutage lehren – in diesem Wassermannzeitalter, in dem wir endlich unser wahres Potenzial zu erahnen beginnen?

Ich liebe Meerjungfrauen. Ich habe ihre Gesänge gehört und nachgesungen, damit sie spüren, dass ich sie liebe und gern bei ihnen sein möchte. Und ich habe auch schon viele Meerjungfrauen gesehen; sie sind so einzigartig und voneinander verschieden wie alle Geschöpfe der Großen Ozeanmutter ... Diese Meeresgeschöpfe mit ihren Fischschwänzen und ihrer Selkie-Schlankheit, die Delfine verzaubern und aus Muscheln und Schneckenhäusern die Zukunft erfühlen können, sind sehr komplexe Lebewesen – ganz anders als wir »Landratten«. Sie leben in einem anderen Element und brauchen im Gegensatz zu uns nicht zu atmen. Im Wasser sind sie schwerelos; und wenn sie an Land geschwemmt werden, zerquetscht das Gewicht der Schwerkraft und der Luft sie manchmal bei lebendigem Leib. Diese magischen Geschöpfe mit dem Kopf und Rumpf eines Menschen und dem Körper oder Schwanz eines Fisches, Delfins oder Wals sind in allen Gewässern der Welt zu Hause – also gibt es vielleicht sogar viel mehr Meeresvolk als an Land lebende Geschöpfe und Elementargeister. Schließlich beherbergt unser blaugrüner Planet doppelt so viel Meer wie Land!

Heilkräfte des Meeresvolks

Von den Meerjungfrauen können wir lernen, uns selbst zu lieben. Das liegt schlicht und einfach daran, dass auch sie sich selbst vorbehaltlos lieben – ohne Angst, Zögern oder Schuldgefühle. Diese Geschöpfe können uns lehren, unsere Sinnlichkeit freudig anzunehmen.

Sie verehren das Weibliche und freuen sich an unserer Fruchtbarkeit, unseren Sehnsüchten und Begierden, unserer Schönheit und der Art, wie wir uns von unseren Instinkten leiten lassen. Und sie fordern uns dazu auf, unser Lied wieder anzustimmen.

Von Meerjungfrauen lernen wir, auf einer sehr tiefen Ebene mit unserer Emotionalität in Kontakt zu treten – einer Eigenschaft, die als typisch weiblich gilt und oft für Schwäche gehalten wird. Dank der Unterstützung der Meerjungfrauen können wir uns unseren tiefsten Empfindungen hingeben, ohne den negativen Beigeschmack des Schamgefühls, das man uns anerzogen hat. In diesem Büchlein und auf den dazugehörigen Karten findest du Botschaften und Lehren von diesen Geschöpfen der großen Flüsse, Seen und Ozeane. Hier erfährst du, wie man mit der heilenden Kraft seiner eigenen Psyche und Gefühlswelt in Verbindung tritt und den brennenden Durst nach wahrer Liebe stillt, der so viele Menschen quält.

Sie sind nämlich romantisch, diese Meeresgeschöpfe, und führen uns vor Augen, wie sehr wir uns nach Liebe verzehren und wie natürlich dieses Gefühl ist.

Sie zeigen uns, dass wir lernen können, Liebe auf gesunde Art und Weise – im Einklang mit unserem persönlichen Schicksal und unserer wahren Bestimmung – auszudrücken und zu erleben. Meerjungfrauen sind enorm ausdauernd und lieben die Unabhängigkeit. Mit ihrem Meeresritual, ihrer ozeanischen Magie und ihrer tiefen Verbindung zu den Mondzyklen inspirieren sie uns dazu, unsere Spiritualität zu leben. Voller Anmut geben sie sich dem harmonischen Fluss und Gleichgewicht des Lebens hin – ihnen sind Höhen, Tiefen und die dazwischen liegenden Phasen der Ruhe gleichermaßen willkommen. Außerdem lehren die Meerjungfrauen uns mit ihren wechselnden Stimmungen, ihren Wut- und Temperamentsausbrüchen, aber auch mit ihrer grenzenlosen Güte, Liebesfähigkeit und Freiheit, wieder aus dem Vollen heraus zu leben – so wie die wilden Geschöpfe, die wir in Wahrheit sind – und uns den strahlenden Glanz zurückzuerobern, der uns verloren gegangen ist.

Sie sind die Großen Mütter des Meeres. Eine ihrer Vorfahren ist die Santería-Göttin Yemaya, aus deren Mutterschoß alles hervorgeht, was es auf der Welt gibt – auch alle Heiligen, die Wahrsagekunst, das Wissen und die Sprache. Zu den Meerjungfrauen gehören zum Beispiel die Merrows, die Männer aus ihren Seelenkäfigen befreien, damit sie im wässrigen Element umherschwimmen und wieder frei sein können. Genau das können wir übrigens auch von den Selkies lernen: ganz in der Welt zu leben, in der wir uns gerade befinden, statt uns innerlich aufzuspalten – uns die Haut zurückzuholen, in die wir hineingeboren wurden, und unser wahres wildes Ich von niemandem gefangen nehmen zu lassen.

Manchmal führen die Meerjungfrauen uns auch in die tiefsten Tiefen unseres Bewusstseins hinab. Dort halten wir oft Wahrheiten vor uns selbst verborgen. Es lohnt sich, diese unterirdische Grotte zu besuchen, denn sie ist voller Knochen und Überreste von dem, was wir früher einmal waren und getan haben: Wenn wir dort hinabtauchen, verstehen wir unser wahres Selbst besser, lernen dazu, statt alte Fehler zu wiederholen, und entdecken das Positive in vergangenen Ereignissen und Lebensumständen wieder.

Die Geschichte der Meerjungfrauen

Der eigentlich sehr unirische Heilige Patrick (er war römisch-britischer Herkunft und hasste die Iren von ganzem Herzen) soll nicht nur die Schlangen aus Irland vertrieben haben – er verwandelte auch heidnische Frauen in Meerjungfrauen. Für ihn besaßen diese Frauen keine Seele, und man konnte ihnen angeblich nicht trauen. Doch Meerjungfrauen sind unsterblich, denn sie gehören dem lebensspendenden Element des Wassers an – und ihre Lieder erinnern uns daran, dass wir einen tiefen Schluck aus dem Kessel des Lebens nehmen müssen, um wirklich gelebt zu haben.

Noch vor nicht allzu langer Zeit glaubten die Menschen bedingungslos an das Meeresvolk. Berühmte Seefahrer – der Italiener Christoph Kolumbus und der Engländer Henry Hudson – hatten diese Geschöpfe auf ihren Entdeckungsreisen gesichtet und genau über ihre Beobachtungen Buch geführt. Außerdem gab es Berichte über sie in verschiedenen naturgeschichtlichen Zeitschriften. Im Jahr 1830 wurde vor der Küste Schottlands der an Land gespülte Körper einer Meerjungfrau entdeckt; man beerdigte den Leichnam, nachdem ein schottischer Arzt ihn untersucht und bestätigt hatte, dass es sich dabei tatsächlich um eines dieser rätselhaften Meereslebewesen handelte. Auch der Kulturanthropologe Desmond Morris, ein Wissenschaftler unserer heutigen Zeit, glaubt an ihre Existenz – er hält sie für eine Art Wasseraffen, ein fehlendes Bindeglied in der Evolutionskette.

Wenn wir uns historische Abbildungen der schönen Meerjungfrauen ansehen, verrät die Art ihrer Darstellung uns viel mehr über jene Zeit und die damals herrschenden Vorstellungen als über das Wesen dieser Meeresgeschöpfe selbst. Man stellte sie als lüstern und sexgierig oder als monströse, fleischfressende Zwitterwesen dar – ichbezogen, ausschweifend, unzuverlässig und durch und durch weiblich. (Neuere Kinofilme wie *Der Todesengel aus der Tiefe, Peter Pan* und *Dagon* sind die besten Beispiele dafür, dass diese Sichtweise der Meerjungfrauen auch heute noch weit verbreitet ist.)

Die Sinnlichkeit der Meerjungfrauen

Meerjungfrauen verkörpern all unsere sexuellen Ängste, Begierden, Versuchungen und verdrängten Gefühle. Deshalb kann man von unserer Einstellung zu diesen Geschöpfen sehr gut ablesen, wie wir unserer eigenen Sexualität gegenüberstehen. Tatsächlich fungierten die Meerjungfrauen im Lauf der Geschichte als eine Art kulturelles Reservoir für sämtliche negativen oder furchteinflößenden weiblichen Eigenschaften: Eitelkeit, Sexualität, Begierde und Unabhängigkeitsliebe. Die Kirche legte in ihre Schriften über Meerjungfrauen (und Hexen) ihre ganzen Ängste vor dem Weiblichen hinein: die Furcht vor dem Körper der Frau, vor ihrer Fähigkeit, Leben zu empfangen und zu gebären, zu bluten und intensiv zu lieben – diese Eigenschaften galten als äußerst beunruhigend und waren der Kirche suspekt.

Mit ihrer Unabhängigkeitsliebe und ihren flüchtigen Liebesaffären zeigt uns die Meerjungfrau, wie wir inmitten intimer körperlicher Beziehungen trotzdem uns selbst treu bleiben können. Sie lebt ihre Schönheit und Sexualität ohne Schamgefühl und zeigt ihre verführerische Ausstrahlung ganz unbefangen. Dadurch lehrt sie uns, dass wir begehrenswert und mächtig sind – einfach weil wir am Leben sind.

Wenn wir vor der erotischen Meerjungfrau, die sich in ihrer Haut wohlfühlt, Angst haben oder sie als abstoßend empfinden, sind wir vielleicht in unserer Sexualität gestört. Und wenn wir uns nur jenen Meerjungfrauen seelenverwandt fühlen, die sich selbst aufgeben, um mit dem Geliebten vereint zu sein, sollten wir uns vielleicht einmal Gedanken darüber machen, wie viel wir an uns verändern, wenn wir mit einem Partner zusammen sind. Dieses Meerjungfrauen-Syndrom kann so weit gehen, dass Frauen (und auch Männer!) sich selbst aufgeben: Sie verändern ihr Aussehen, ihr Verhalten und ihre Interessen oder nehmen sogar eine andere Religion an, nur um mit dem geliebten Menschen zusammen zu sein. Die Meerjungfrau fordert uns auf, unserem wahren Wesen näherzukommen und unseren eigenen Wahrheiten gerecht zu werden, statt uns die Wahrheiten einer anderen Person zu eigen zu machen und der Zweisamkeit unsere Persönlichkeit zu opfern – obwohl der Partner das vielleicht nicht einmal von uns verlangt!

Auch die Verwandtschaft zwischen uns Menschen und dem Meeresvolk ist ein faszinierendes Thema. Wie bei den anderen Elementarwesen haben sexuelle Kontakte selbst hier zu einer Vermischung beider Lebensformen geführt. Manche schottische und irische Familien behaupten heute noch, von Meerjungfrauen abzustammen. Und viele Familien von den Orkney-Inseln, bei denen Ansätze von Schwimmhäuten zwischen den Fingern sich oft von Generation zu Generation weitervererben, führen dieses Phänomen auf eine Ahnin zurück, die aus einer unglücklichen Ehe in die Arme eines hübschen Selkie-Mannes (eine Art Wassermann – halb Mensch, halb Robbe) flüchtete. Auch ein nordamerikanischer Indianerstamm namens Penobscot führt seine Herkunft auf eine Meerjungfrau zurück. Wieder andere Menschen glauben, dass wir früher in Atlantis die Gestalt von Wassermännern und Meerjungfrauen besaßen: Damals waren wir sowohl Wasser- als auch Landlebewesen und konnten in beiden Elementen atmen und existieren.

Symbole der Meerjungfrau

Die Werkzeuge der Meerjungfrau stehen für ihre Geschenke an uns. Wenn du dich näher mit diesen Gegenständen beschäftigst, wirst du vielleicht einige magische Besitztümer dieser Geschöpfe entdecken, die sie oft in Schatzkästchen aufbewahren.

Kamm: Der Kamm der Meerjungfrau symbolisiert, was für ein wertvoller und heiliger Akt es ist, uns um unser körperliches Ich zu kümmern. Wenn wir akzeptieren, dass unser Körper Zuwendung und Ehrerbietung verdient, wird jede Schönheitspflege zu einem kleinen Ritual, das uns über unsere banale, kommerzielle Alltagswelt hinaus- und in den Bereich des Heiligen hineinhebt. Damit machen wir unseren Körper zu einem Tempel, den wir lieben und respektieren und dem wir unsere Dankbarkeit zeigen. Durch diese Ehrung des Körpers erweisen wir letztlich Gott, Göttin und dem Lebensfunken selbst unsere Ehrerbietung.

Haare: Die Meerjungfrau zeigt uns auch, dass wir die Kraft in unserer Weiblichkeit erkennen und den Mut haben sollen, sie offen zu leben. Ihr langes Haar ist ein Sinnbild der Stärke; ihre Sexualität ist berauschend und mächtig. Sie ist niemals ängstlich oder verzagt und zeigt uns doch gleichzeitig, welche Macht in der Passivität liegt – das ist das Paradoxe an der sexuellen Magie.

Spiegel: Vor langer Zeit hatte ich einmal einen Traum, in dem ich tief hinabtauchte: unter die Straßen und Gebäude einer großen, grausamen Stadt und in ein riesiges, höhlenartiges »Badezimmer« hinein. Dort gesellte ich mich zu einer Gruppe von Frauen, die unverwandt in einen großen, die ganze Wand einnehmenden Spiegel schauten. Im Traum sah mein Gesicht irgendwie nicht »richtig« aus, also begann ich daran herumzukratzen – und schälte mir ein großes Stück Haut ab. Darunter lagen Narben und wütende Wunden, unverheilt, die ich einfach zugedeckt hatte ... Damals erschreckte und beunruhigte mich dieser

Traum; doch als ich später darüber nachdachte, begann ich ihn zu verstehen: Der Traum spielte in einem »Badezimmer« der Unterwelt, wo das Meeresvolk wohnte, und zeigte mir mein wahres Ich, das ich vor der Welt und mir selbst versteckte. Auf so seltsame Weise wirkten die Meerjungfrauen ihre Wunder, und so konnte meine Heilungsreise beginnen: indem ich den Menschen, der ich damals war, mit ehrlichen Augen betrachtete.

Der Spiegel der Meerjungfrauen kann dir sehr vieles zeigen: andere Zeiten, andere Menschen, die Zukunft, die Vergangenheit, so wie sie wirklich war ... Doch die wertvollste Eigenschaft eines Meerjungfrauenspiegels ist, dass er dir verborgene Dinge offenbart, die für dich bisher unsichtbar waren. Wir alle schauen in diesen Spiegel, wenn wir mit den Meerjungfrauenkarten arbeiten, um die Zukunft vorauszusehen, uns heilen zu lassen, unsere Wünsche zu manifestieren und mit mehr Selbsterkenntnis und Selbstliebe durchs Leben zu gehen.

Gefäße: Becher oder Kelche symbolisieren den Heiligen Gral. Sie stehen für Empfänglichkeit – dafür, dass man etwas wieder auffüllt oder sich etwas schenken lässt. Außerdem repräsentieren sie den Mutterleib, Fruchtbarkeit, matriarchalische Abstammungslinien, Hexenkessel, den Ozean und andere Gewässer wie beispielsweise Seen. Die Meerjungfrauen raten dir, für die Arbeit mit diesem Kartenset einen schlichten Kelch mit Wasser zu füllen, das du für den Zweck des Kartenlesens gesegnet hast.

Schwanz: Der Schwanz der Meerjungfrau verrät uns eine ganze Menge darüber, was für ein Geschöpf sie ist. Also schau genau hin: Der Schwanz zeigt dir nicht nur, mit was für einer Art von Meerjungfrau du es zu tun hast, sondern auch, welche Energie du damit angezogen hast. Ist der Schwanz gegabelt oder nicht, trägt er Schuppen, was für eine Farbe hat er? Wie kräftig und geschmeidig wirkt er? All das liefert dir Anhaltspunkte darüber, mit welchem Meeresvolk du in Kontakt getreten bist.

Muscheln: Sehr viele Meerjungfrauen arbeiten mit Muscheln ... Sie lieben diese kleineren Geschöpfe, die im Schutz harter Schalen leben, und wissen, dass sie viele heilende Fähigkeiten und magische Kräfte besitzen. Die Muscheln schenken den Meerjungfrauen ihre Schalen, wenn sie diese physische Welt verlassen. Viele Meerjungfrauen arbeiten mit Kaurimuscheln (die Wohlstand und Fruchtbarkeit bringen) oder Kammmuscheln (die für Schönheit und Weiblichkeit stehen). Wenn du eine Meerjungfrau bei der Arbeit mit einer Muschel erblickst, kann das eine wunderbare Chance für dich sein, ebenfalls mit diesen schönen Energien in Kontakt zu treten und mehr über ihre Kräfte und Botschaften zu erfahren!

Was für Meerjungfrauen gibt es?

In den Flüssen und Teichen, Meeren und Seen dieses schönen blaugrünen Planeten gibt es ganz unterschiedliche

Arten von Nixen und Meerjungfrauen. Viele dieser wundervollen Geschöpfe hat Selina Fenech für dieses Kartenset künstlerisch festgehalten, zum Beispiel:

Selkies: Dieses Wort kommt aus dem schottischen Gälisch, von den Orkney-Inseln im hohen Norden Schottlands, und bedeutet schlicht und einfach »Robbe«. In vielen nordeuropäischen Ländern kennt man Geschichten von Selkies. Man bringt sie vor allem mit Inseln in Verbindung, auf denen kühles Klima herrscht – in so unterschiedlichen Regionen wie Schottland, Island, Skandinavien und Neufundland. Die Selkies sind halb Mensch, halb Robbe und dank der Beliebtheit so schöner Filme wie *Das Geheimnis des Seehundbabys* ziemlich bekannt geworden. Dieser Film handelt von zwei Kindern im Norden Schottlands, deren Mutter eine Selkie ist. Obwohl Selkies in der Populärkultur hauptsächlich in weiblicher Gestalt dargestellt werden, gibt es auch männliche Selkies.

Merrows: Auf der Westlichen Insel (Irland) sind Meer und Gezeitentümpel von der mitfühlenden Energie dieser Meerjungfrauen erfüllt, deren Aufgabe es ist, Seelen zu retten, unser Herz zur Liebe zu erwecken und zwischen den Welten zu wandeln. Diese irischen Meerjungfrauen, die ihre Gestalt verändern können, heißen Merrows. Das Wort Merrow kommt vom gälischen *muri* (Meer) und *oigh* (Jungfrau). Merrows sind bekannt für ihre Güte gegenüber Meerestieren und Männern, die in Seelenkäfigen gefangen sitzen. Sie haben schönes, wallendes rotes Haar – und manchmal tragen sie angeblich auch rote Kappen!

Melusinen: Diese herrlichen Geschöpfe stammen aus den Seen, Flüssen und Teichen Europas. Sie können verschiedene Gestalten annehmen – von der Menschenfrau über die Meerjungfrau mit gegabeltem Schwanz bis hin zum Wasserdrachen. Sie fordern Respekt, sind gern ungestört und stehen unter anderem mit der Insel Avalon in Verbindung. Melusinen helfen uns beim Bauen (für ihre menschlichen Liebhaber und Ehemänner erschufen – manifestierten – sie über Nacht ganze Schlösser) und sollen einen goldenen Schlüssel im Mund haben, der uns das Tor zu allen Geheimnissen öffnet.

Morganas oder Morgans: Sie sind hauptsächlich als Priesterinnen der Insel Avalon aus dem mittelalterlichen Sagenkreis um den britannischen König Artus bekannt. In der Bretagne kennt man sie außerdem als Wassergeister mit dem Schwanz eines Meerestiers, die unter Wasser große Städte bewohnen, Seetangbeete bestellen und Sturmfluten heraufbeschwören können, um sich Land zurückzuholen, das wir Menschen ihnen gestohlen haben. Die in diesem Kartenset vertretene Dahut ist eine der mächtigsten und am häufigsten missverstandenen Morganas. Viele Frauen der Bretagne glauben, dass Dahuts Blut in ihren Adern fließt – sie lieben das Meer und müssen immer in der Nähe der Küste leben.

Warum wir mit dem Wasser in Kontakt treten sollten

Wasser bringt unserem ganzen Planeten das Leben – ohne Flüsse und Bäche, Teiche und Tümpel, Meere und Seen, Quellen und Wasserfälle könnten wir nicht existieren. Das Wasser ist unser Lebenselixier; in seinen Molekülen sind alle Gefühle und Erinnerungen dieses Planeten enthalten. Gewässer reichern die Luft mit Sauerstoff und Nährstoffen an, bringen uns Nahrung und Leben. Aus dem Schoß der großen Seen und Meere – aus den Tiefen dieser Hexenkessel – entspringt alles, was lebt.

Ozeane und Meeresmenschen

Das Salzwasser spielt für die magischen Fähigkeiten der Meerjungfrauen eine wichtige Rolle. Wasser steht normalerweise für Reinigung, Läuterung und Durststillung; doch Salzwasser ist eine etwas andere Spielart dieses Elements. Es reinigt und läutert, befreit uns von Unreinheiten, gibt unserem Leben Würze, bringt uns in einen Zustand der Harmonie und erschafft jene Vielfalt an Mineralien, ohne die es keinen fruchtbaren Boden gäbe. Auch das Blut in unserer Gebärmutter, das wir bei der Menstruation abstoßen, ist salzig.

Im Salzwasser kann man sich an der Oberfläche treiben lassen – es gibt dem Körper mehr Auftrieb, aber dafür kann man sich darin nicht so leicht bewegen wie im

Süßwasser. Außerdem ist es komplexer in seiner Zusammensetzung, hat eine reinigendere Wirkung und manchmal auch mehr Kraft als Süßwasser. Man kann es nicht trinken; deshalb begegnen viele Menschen dem Salzwasser mit einem gewissen Misstrauen, obwohl es so viele Geschöpfe am Leben erhält und uns eine so reiche und vielfältige Nahrung bietet. Doch diese Komplexität und mangelnde Klarheit macht das Element der Meerjungfrauen keineswegs zu etwas Trügerischem, wie manche Menschen glauben; sie bringt uns eher dazu, Dinge, die wir für wahr halten, in Frage zu stellen, und von allem erst einmal zu kosten, ehe wir einen tiefen Schluck davon nehmen. Wasser steht auch für das Unbewusste, für unsere Triebe und Begierden, Instinkte und medialen Fähigkeiten. Salzwasser repräsentiert diese Fähigkeiten auf einem besonders hohen Schwingungsniveau.

Wie der Ozean, die Wogen großer Flüsse und die Oberfläche eines dunklen Gebirgssees zeigt sich auch die Meerjungfrau in den verschiedensten Stimmungen und Gestalten. Sie ist nicht immer ruhig und friedlich oder sinnlich und verführerisch ... Manchmal ist sie auch stürmisch, hemmungslos und entfesselt: ein wildes Geschöpf, voll rasender Leidenschaft. Meerjungfrauen haben eine enorme Kraft – wir spüren förmlich, wie sie unser angestautes Potenzial freisetzen und die Fesseln sprengen, die uns emotional gehemmt haben. Ich glaube, wenn wir mit unserer inneren Meerjungfrau in Kontakt treten, erfahren wir Licht und Dunkelheit im Extrem und in großer

Schönheit. Dabei geht es um die Natur, um die Tiefen unserer Seele, aber auch um die ruhigen, friedlichen Oasen in unserem Inneren, in die wir uns zurückziehen können. Der Kontakt mit der Meerjungfrau fördert unsere Wildheit und Ursprünglichkeit, bringt jedoch auch die mitfühlende, fürsorgliche Seite unseres Wesens ans Tageslicht. Wir sind vielschichtige, göttliche Geschöpfe; in unserer Ursprünglichkeit liegt etwas vom Wesen Gottes.

Meerjungfrauen wollen respektiert werden, genau wie unser eigenes, ursprüngliches Ich. Sie sind keine banalen kleinen Geschöpfe, die Spott verdienen, keine Frauen, die man einfach verführen darf, aber auch keine Verführerinnen, vor denen man sich fürchten muss, und keine Sexualobjekte, die man mit abfälligen Worten beschimpfen darf. Wer Meerjungfrauen so negativ sieht, dem geht nicht nur jener Teil der Welt verloren, in dem diese Geschöpfe leben, sondern auch ein Teil seiner eigenen Seele.

Die Gezeiten, zu deren Entstehung der Mond mit seiner Anziehungskraft beiträgt, können uns Menschen weise Lehrer sein. Lernen wir daraus nicht, dass alles im Leben sich unweigerlich verändert und keine Landschaft, keine Umgebung immer gleich bleibt? Dass es überall auf der Welt Ebbe und Flut gibt, natürliche Kreisläufe, von denen auch wir getragen werden?

Aus den Gezeiten und Kreisläufen der Natur können wir enorm viel lernen. Sie zeigen uns, dass wir unsere Erwartungen jeden Tag neu anpassen müssen – die Gezeiten sind immer da und doch in ständiger Veränderung begriffen. An der Meeresküste bleibt niemals etwas genau so, wie es vorher war; doch die Gezeiten kommen einem sich wiederholenden Kreislauf zumindest alle 19 Jahre so nah wie möglich: So lange brauchen Sonne und Mond, um ihren vollständigen Zyklus miteinander abzuschließen. Es ist kein Zufall, dass die Druiden der Meereskönigreiche Cornwall, Bretagne, Isle of Man, Schottland, Irland und Wales eine 19-jährige Ausbildung durchliefen ...

Meerjungfrauen und Mondzyklen

Eine magische Praktik, zu der die Meerjungfrauen dich ganz sicherlich ermutigen werden, ist die Kontaktaufnahme mit den Mondzyklen. Hier ein einfacher Überblick über die Mondphasen, ihre zeitliche Abfolge und ihre Kräfte:

- **Vollmond:** die Flut der Kraft; verstärkend und kreativ
- **Abnehmender Mond:** Rückzug; eine ziehende Sogwirkung
- **Dunkler Mond:** eine Zeit, um in dich zu gehen und in deiner Seele die Zukunft zu lesen; Offenbarungen aus dem eigenen Inneren
- **Neumond:** Ein neuer Zyklus beginnt; nun ist es an der Zeit, deine Absichten zu aktivieren
- **Zunehmender Mond:** verheißt neues Wachstum, kontinuierliches Handeln und Ergebnisse

Meerjungfrauen haben eine intensive Beziehung zum Mond ... Wusstest du schon, dass die zwei Gezeiten,

Ebbe und Flut, direkt vom Gravitationsfeld des Mondes beeinflusst werden? Die Reaktion des Wassers auf die Schwerkraft von Sonne und Mond springt uns auf den ersten Blick ins Auge; doch auch Erde, Berge und Gletscher spüren die magnetische Anziehungskraft dieser Himmelskörper ... Für unsere Vorfahren spielten diese Zyklen eine dermaßen wichtige Rolle, dass sich selbst ihre Sprache daran orientierte. So gibt es zum Beispiel im Altgälischen kein Wort für »Zeit«, sondern nur Wörter für Wind, Meer, Wetter, Kreisläufe und Mondphasen; und das Wort »Tiden« (Gezeiten) hat seinen Ursprung im schottischen Zweig des Gälischen.

Fast überall auf der Welt besteht zwischen den Mondphasen und den durch diese Phasen beeinflussten Gezeiten eine leichte zeitliche Verzögerung. Springfluten treten erst zwei Tage nach der Phase ein, bei der Sonne und Mond in gleicher Richtung oder einander gegenüberstehen. Für mich ist das ein faszinierendes Phänomen: Bedeutet es, dass auch wir Menschen die ganzen Auswirkungen des Vollmonds erst ungefähr zwei Tage, nachdem sein Licht auf der Erde angelangt ist, zu spüren bekommen?

Die biologischen Kreisläufe aller im Meer und in der Gezeitenzone lebenden Tiere – und auch von uns Menschen – umfassen viele Gezeitenzyklen ... Schwangerschaft und Trächtigkeit, Brut- und Schlüpfzeiten sind genau auf den Mondzyklus und die Rhythmen der Gezeiten abgestimmt; und bei uns Menschenfrauen entspricht der Menstruationszyklus dem Mondgezeitenzyklus.

Warum misstrauen manche Menschen den Meerjungfrauen?

Meermenschen aller Art werden oft missverstanden oder verniedlicht; und doch gehören sie zu den komplexesten Elementarwesen, die es gibt. Als magische Geschöpfe mit dem Kopf und Rumpf eines Mannes oder einer Frau und dem Körper oder Schwanz eines Fischs oder anderen Meerestiers leben sie hauptsächlich unter Wasser. Sie fungieren als Wächter und Beschützer der weiblichen Sexualität und werden vor allem mit Spiel, Freude, Schönheit und Sinnlichkeit in Verbindung gebracht. Doch sie besitzen auch viele starke und mächtige Gaben. Das wird oft übersehen – und in den Karten werde ich mich ausführlich mit diesen Fähigkeiten des Meervolks beschäftigen.

Zum Beispiel können Meerjungfrauen Stürme und künftige Ereignisse voraussagen. Manche können sogar Wünsche erfüllen und helfen uns, wenn wir uns von Ideen, Orten oder Menschen befreien möchten, die uns einengen. Sie können uns viel Wissen und große Weisheit vermitteln und helfen uns, wieder neue Energie aufzutanken und uns seelisch zu erneuern und zu regenerieren.

In Filmen wie *Harry Potter und der Feuerkelch*, *Peter Pan* oder *Fluch der Karibik: Fremde Gezeiten* werden Meerjungfrauen als düstere, gefährliche Geschöpfe dargestellt – fast wie Vampire. Darin spiegelt sich das Misstrauen gegenüber Feenwesen wider, das in unserer Populärkultur gang und gäbe ist und leider überhaupt nicht hinterfragt wird. Die dunklen Meerjungfrauen gelten oft als raubgierig, hinterlistig, sexuell unersättlich und treulos; und was am allerschlimmsten ist: Angeblich locken sie uns Menschen mit ihren Liedern und ihren weiblichen Reizen ins Wasser und in den Tod. Sicherlich gibt es Meerjungfrauen, die mit Menschen sehr schlechte Erfahrungen gemacht und beschlossen haben, diesen Wesen aus dem Element der Luft nie wieder zu trauen, sondern sie nur noch zu verführen und zu zerstören. Andere Meerjungfrauen umgeben sich mit dem Nimbus dieser gefährlichen Geschöpfe, um sich vor uns zu schützen. Manche haben beschlossen, dass es für uns Menschen tatsächlich besser sein sollte, sie zu fürchten und uns von ihnen fernzuhalten. Doch andere haben das Gefühl, dass diese Angst vor dem wässrigen Element uns Menschen dazu treibt, die Ozeane zu plündern und unser aller Mutter – das Meer – schamlos auszubeuten; denn wir leben immer mehr in Disharmonie mit der Natur und ihren unendlichen Wundern.

Einige der sogenannten dunklen Meerjungfrauen leben nicht in den wilden, schönen Ozeanen und Süßwasserseen – sie haben die undankbare Aufgabe übernommen, in den Kanalisationen unserer Städte oder im Grundwasser für Ordnung zu sorgen; sie reinigen verschmutzte Kanäle in landwirtschaftlichen Gebieten oder retten Wale und Delfine vor der grausamen Verfolgung durch den Menschen. Doch stets haben sie eine reinigende, läuternde Wirkung und helfen vielen Lebewesen, so gut sie können. Vielleicht haben wir die Meerjungfrauen, die wir die »dunklen« nennen, am allermeisten ausgebeutet, und deshalb wollen sie nun für eine Weile von uns in Ruhe gelassen werden.

Wie man mit Meerjungfrauen in Kontakt tritt

Egal, an welchem Ort dieses wunderschönen blaugrünen Planeten du lebst – es ist sehr leicht, Kontakt und eine Beziehung zu den Meerjungfrauen aufzubauen. Meiner Erfahrung nach ist es am besten, ihnen eine Opfergabe darzubringen; dadurch fassen sie Vertrauen und merken, dass du es wirklich ernst meinst – dass deine Handlungen deinen Absichten entsprechen. Diese Opfergabe kann die verschiedensten Formen annehmen; du kannst ihnen zum Beispiel deine Zeit oder Energie opfern.

Durch eine solche Opfergabe zeigst du, dass es dir ernst mit deinem Wunsch ist, eine Verbindung zu dem Wesen oder Element aufzubauen, dem du deine Energie darbringst. Dieses Engagement werden die Meerjungfrauen mit weiteren Wohltaten, vertrauensvoller Nähe und Verständnis für die Situation.

Müll und Abfälle an der Meeresküste oder anderen Gewässern einzusammeln, ist ein wunderbares Geschenk an das Meeresvolk. Du kannst zum Beispiel immer eine Tasche mitnehmen, wenn du am Wasser spazieren gehst, um Abfälle zu sammeln und sie durch Recycling oder auf andere sinnvolle Weise zu entsorgen. So etwas ist keine lästige Pflicht, sondern eine Freude. Es heitert uns auf, denn wir sind glücklich darüber, an der Säuberung, der Lösung des Problems mitzuwirken. Hab keine Angst vor dem Meer, vor den großen Seen und tiefen, reißenden Flüssen – aber respektiere sie, mach dich mit ihnen vertraut, lerne etwas von ihnen. Bitte das Wasser und die Meeresgeschöpfe um Informationen. Beobachte sie. Lausche. Widme ihnen deine Zeit. Dafür werden sie dir deine Wünsche und Träume erfüllen und dir viel Freude schenken. Außerdem werden dir tiefe Erkenntnisse und Visionen zuteil werden, und du wirst mit allen Meereslebewesen in Kontakt treten – vom kleinsten Fisch über die verspielten Delfine bis hin zu den mächtigen Walen.

Wenn du nicht in der Nähe eines Gewässers lebst, kannst du ja vielleicht Geld an eine Organisation spenden, die versucht, das Meer von menschlichen Ausbeutern zu befreien – zum Beispiel an die Sea Shepherds oder auch an lokale Umweltschutzgruppen.

Möge dein Zusammenwirken mit dem Wasser und dem Meer, den Quellen und glitzernden Seen und all ihren Bewohnern gesegnet sein!

Woran erkennst du, dass Meerjungfrauen in deiner Nähe sind?

Vielleicht hörst du Wasser rauschen – das klingt ungefähr so, wie wenn man sich eine Meeresmuschel ans Ohr hält, selbst wenn in Wahrheit gar keine Muscheln in der Nähe sind. Oder du spürst eine wachsende Sorge um die Lebewesen der Ozeane und anderer Gewässer dieser Welt und hast das Gefühl, unbedingt ins Wasser gehen zu müssen – und wenn du dich nur jeden Tag möglichst lange in der Badewanne aalst! Vielleicht trägst du am liebsten Blau- und Grüntöne oder die Farben von Perlen und Korallen und ertappst dich hin und wieder dabei, wie du wortlose Melodienfetzen vor dich hin singst. Oder du empfindest eine große Liebe zu anderen Lebewesen, möchtest dir die Haare am liebsten ganz lang wachsen lassen und interessierst dich immer mehr für Sinnlichkeit, Tanz und heiligen Sex.

Vielleicht schwimmst du auch gern oder fühlst dich zu anderen Bewegungsarten im Wasser hingezogen – und zu Orten, an denen Meerjungfrauen sich gern aufhalten. Vielleicht besuchen sie dich oft in deinen Träumen, und unter ihrem Einfluss werden möglicherweise heftige Emotionen in dir wach.

Oder du träumst von Atlantis, Lemurien und davon, dich in Meereslebewesen zu verwandeln. Oder von weiten Reisen über das Meer oder unter Wasser zu den heiligen Inseln der Kelten. All dies kann geschehen, wenn Meerjungfrauen auf dich zukommen und versuchen, deine Gefühlswelt zu heilen – wenn sie dir Mut machen, deine Erfahrungen als menschliches Wesen in diesem Leben in vollen Zügen zu genießen!

Wann sollte man mit diesem Kartenset arbeiten?

Diese Karten können dir weiterhelfen, wenn du mehr über dein Liebesleben erfahren möchtest. Sie bringen dich mühelos mit deinen tiefsten Gefühlen in Kontakt, legen durch ihre magischen Einblicke die Hintergründe deiner Situation offen und halten dir ihren zauberhaften Spiegel vor, damit auch du endlich die Wahrheit darin »siehst«. Sie können dir bei Fragen in Liebesdingen helfen; du kannst mit ihrer Hilfe aber auch anderen Menschen hilfreiche Informationen über ihr Gefühlsleben geben.

Diese Karten wecken tiefe Emotionen; also sei darauf gefasst, dass verdrängte und unterdrückte Gefühle in dir aufsteigen werden, wenn du sie auslegst. Oft steigen einem beim Lesen dieser Karten Tränen in die Augen; doch genauso häufig ist man dabei froh und glücklich oder bricht in heiteres Gelächter aus. Die Arbeit mit den Karten verlangt Ehrlichkeit von dir und den Menschen, für die du sie liest; vor ihren Botschaften kann man weder flüchten noch sich verstecken – und vor den Meerjungfrauen, deren Energie in ihnen zum Ausdruck kommt, auch nicht.

Wenn du mit diesen Karten arbeitest, solltest du eine Muschel oder einen schlichten Kelch mit gesegnetem Wasser in der Nähe stehen haben. Normalerweise zündet man zum Kartenlegen eher Kerzen an; doch mit der reflektierenden Wasseroberfläche holst du den magischen Spiegel der Meerjungfrauen in deine Arbeit herein. Wasser reinigt und läutert, stillt den emotionalen Durst der Menschen, die deine Hilfe suchen, und schenkt dir ein Gefühl der Freude, Schwerelosigkeit und Anmut!

Du wirst feststellen, dass diese Karten besonders einfühlsam, emotional, gütig und mitfühlend sind – denn sie wurden mit der wässrigen Mondlichtmagie des Meerjungfrauenreichs geschaffen und aufgeladen. Diese Karten sind echte Orakel: Sie schauen dir direkt ins Herz hinein und verraten alles, was du wissen musst, um deine Gefühle und Beziehungen und deine Reise ins Reich der romantischen Liebe besser verstehen zu können.

Jede dieser Karten beinhaltet ein heilendes Energiemuster, das »freigesetzt« wird, wenn du die dazugehörige Botschaft liest und das Bild betrachtest.

Bringe stets eine Opfergabe dar, ehe du die Karten liest. Wenn du sie für jemand anderen auslegst, bitte diese Person um ein Opfer für die Meerjungfrauen.

Und noch etwas: Lege die Karten so oft wie möglich draußen im Freien aus.

Legemuster, die dich mit Meerjungfrauen in Kontakt bringen

Bereite den Platz, auf dem du die Karten auslegst, immer erst vor, so wie es beim Kartenlegen üblich ist. Wenn du mit Meerjungfrauen arbeitest, wirst du eine leichte Verlagerung deiner Aufmerksamkeit in die Welt der Emotionen, deiner Psyche und der göttlichen Weiblichkeit spüren. Vielleicht möchtest du den Platz mit Salzwasser und ätherischen Ölen besprühen, um ihn zu reinigen. Du kannst auch ein paar Muscheln auf den Tisch oder die Tischdecke legen und einen Kelch mit Wasser darauf stellen, das du an einem heiligen Ort geholt und für diesen Zweck gesegnet hast. Das ist stets eine sehr wirksame Geste, die jede Kartenlesesitzung mit Magie erfüllt.

Natürlich haben wir nicht immer Zeit für eine so gründliche Vorbereitung. Ich empfehle dir, mindestens drei Mondzyklen lang jeden Tag mit dem »Lesen« einer einzelnen Karte oder einer fünfminütigen Wahrsagesitzung zu beginnen. Mische die Karten einfach und ziehe dann mit deiner intuitiven (nicht-dominanten) Hand eine Karte aus dem Stapel. Vielleicht möchtest du diese Karte den ganzen Tag über bei dir tragen. Du kannst sie aber auch zu Hause auf deinen Altar legen, eine Zeit lang betrachten und nach ihren Botschaften fragen.

Wenn beim Mischen des Stapels eine Karte herausfällt, ist das natürlich immer ein Hinweis darauf, dass diese Karte dir eine sehr klare, direkte Botschaft vermitteln möchte.

~ Legemuster »Dreifacher Spiegel«

Mit dem Meerjungfrauenspiegel kannst du in die Vergangenheit, Gegenwart und Zukunft schauen ... Mische deine Karten und teile sie in drei Stapel, die aber diesmal nicht wieder zu einem Haufen zusammengelegt werden.

Dann nimmst du von jedem Stapel die oberste Karte.

Lege eine Karte auf die linke Seite – das ist der Meerjungfrauenspiegel, der dir die Vergangenheit zeigt.

Die zweite Karte legst du in die Mitte – das ist der Meerjungfrauenspiegel, der deine Gegenwart erhellt.

Die dritte Karte kommt auf die rechte Seite – das ist der Meerjungfrauenspiegel, der dir die Zukunft offenbart.

Das ist ein sehr einfaches Legemuster, das nicht allzu viel Zeit erfordert und trotzdem oft sehr, sehr tiefe Erkenntnisse bringt. Seine Schönheit liegt gerade in seiner Einfachheit und Leichtigkeit und den vielen Fragen, über die es dir Auskunft gibt.

~ Mondzyklen-Legemuster

Meerjungfrauen haben eine äußerst enge Beziehung zum Mond. Eine magische Praktik, zu der sie dich ganz sicher ermutigen werden, ist die Kontaktaufnahme mit den Mondzyklen. Ein wunderbarer, magischer erster Schritt dazu ist das hier vorgestellte Mondzyklen-Legemuster: Damit kannst du sehr gut in die nähere Zukunft schauen und mit der Macht der himmlischen Sphären und der Gewässer in Verbindung treten.

Du kannst bei jedem Neumond mit diesem Legemuster arbeiten; aber wenn du lieber jetzt gleich wissen möchtest, was die Zukunft dir bringt, brauchst du nicht so lange zu warten. Denn die Ereignisse werden sowieso nicht unbedingt immer genau bei Vollmond eintreten!

Du kannst auch immer bei Vollmond oder zurzeit des dunklen Mondes, bei abnehmendem oder zunehmendem Mond mit diesem Muster arbeiten – je nachdem, in welcher Mondphase du dich gerade befindest.

Doch wenn du die Karten immer bei Neumond in diesem Muster auslegst, gelangst du bald in einen regelmäßigen Kartenlesezyklus und bekommst für jeden »Mondmonat« des Jahres Ratschläge und Empfehlungen!

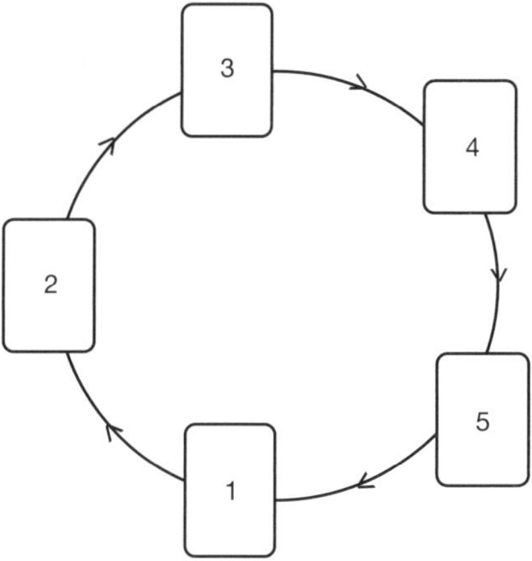

Mische deine Karten und teile sie mit deiner nicht-dominanten Hand in drei Stapel. Dann lege die Stapel (mit derselben Hand) wieder zu einem Haufen zusammen.

Nun legst du die Karten der Reihe nach im Kreis aus. Beginne dabei am unteren Ende des Kreises und mache im Uhrzeigersinn weiter.

Karte Nummer 1 kommt ganz unten hin. Das ist die Neumondkarte.

Diese Karte zeigt, was auf dich zukommt – die Qualität des neuen Zyklus und worauf du deine Absichten konzentrieren sollst. Außerdem verrät sie dir, was demnächst in die Wege geleitet und geschaffen werden wird.

Nach links, ein Stückchen weiter oben auf der imaginären Kreislinie, legst du Karte Nummer 2 – das ist die Karte des zunehmenden Mondes.

Bei dieser Karte geht es um neues Wachstum, kontinuierliches Handeln und Ergebnisse, die zustande kommen werden. Außerdem verrät sie dir, wie es zu dem Wachstum kommen wird und was du bei der weiteren Entwicklung des betreffenden Projekts zu erwarten hast ...

Ein Stückchen weiter rechts oben legst du Karte Nummer 3 aus – die Vollmondkarte. Sie bildet das »obere Ende« des Kreises.

Die Vollmondkarte zeigt dir, was sich ereignen wird, welche Dinge am meisten Macht und Energie besitzen oder noch erhalten werden.

Ein Stückchen weiter nach rechts unten legst du die 4. Karte. Das ist die Karte des abnehmenden Mondes.

Diese Karte zeigt die Energie des Rückzugs: eine saugende Energie, die etwas von dir wegzieht. Die Karte in dieser Position verrät dir, was von dir fortgehen und welcher Einfluss sich verringern wird – alles, was dabei ist, zu verblassen und dein Leben zu verlassen.

Ein Stück weiter nach links unten legst du Karte Nummer 5, mit der du den Kreis, die Form des Mondes, vollendest. Das ist die Karte des dunklen Mondes.

Diese Karte zeigt dir, was du erst einmal genau überlegen und von allen Seiten überdenken musst, ehe ein neuer Kreislauf beginnen kann.

Die Karte an dieser Stelle des Kreises beinhaltet Dinge, die du dir selbst kaum eingestehen magst – das, was ganz tief in deinem Inneren liegt, was du lange Zeit verborgen gehalten hast und nun ans Tageslicht zu bringen bereit bist – den eigentlichen Kern des Problems.

Das ist ein schönes Mond-Legemuster mit sehr magischer Wirkung, durch das die Meerjungfrauen dir für jeden Zyklus ihre Ratschläge und Empfehlungen geben können. Außerdem bringt dieses Legemuster dich noch tiefer mit dem Mondzyklus in Verbindung!

~ Legemuster »Wahre Liebe, bring meine Seele zum Singen«

Du weißt selbst nicht genau, warum – doch wenn du diesen Menschen siehst oder mit ihm in Kontakt kommst, gerät irgendetwas tief in deinem Inneren in freudige Erregung. Aber vielleicht hast du in der Liebe schon öfter Pech gehabt – wie wir alle! Und manchmal wissen wir auch einfach nicht, was wir wollen – wir fühlen uns total verloren und haben keine Ahnung, wie es in unserem Liebesleben weitergehen soll. In solchen Zeiten können wir die Meerjungfrauen um Beistand anrufen. Sie können uns helfen, die Situation besser zu beurteilen und zu erfühlen, alles mit klareren Augen zu sehen und zu verstehen. Ob sich hier wirklich zwei Seelen getroffen haben, die für die Liebe bereit sind, oder zwei Menschen, die einfach nur wieder ihre alten Muster ausagieren werden – die Meerjungfrauen können dir helfen, das zu erkennen.

Egal, ob du jemanden kennengelernt hast, für den du dich interessierst, oder dich einfach nur fragst, wann denn wohl endlich die Liebe in dein Leben tritt – dieses Legemuster verrät sehr viel über Beziehungen. Es wirft Licht auf unsere eigenen Bedürfnisse, Wünsche und Träume – und gibt kluge Ratschläge, die uns standhaft machen, wenn wir Gefahr laufen, uns einfach nur um des schönen schwärmerischen Gefühls willen zu verlieben.

Bereite deinen Kartenlegeplatz vor, zentriere deine Energie und atme drei Mal tief durch. Mische die Karten und konzentriere dich dabei auf deine Beziehungsfrage. Sobald du das Gefühl hast, dass der richtige Zeitpunkt gekommen ist, hörst du mit dem Mischen auf und legst die Karten vor dich auf den Tisch.

Teile sie mit der linken Hand (beziehungsweise deiner nicht-dominanten Hand) in fünf Stapel.

Stelle dir in Gedanken einen fünfzackigen Stern vor oder zeichne ihn auf ein großes Blatt Papier, wenn du die Karten mithilfe dieser Vorlage leichter in einem symmetrischen Muster auslegen kannst.

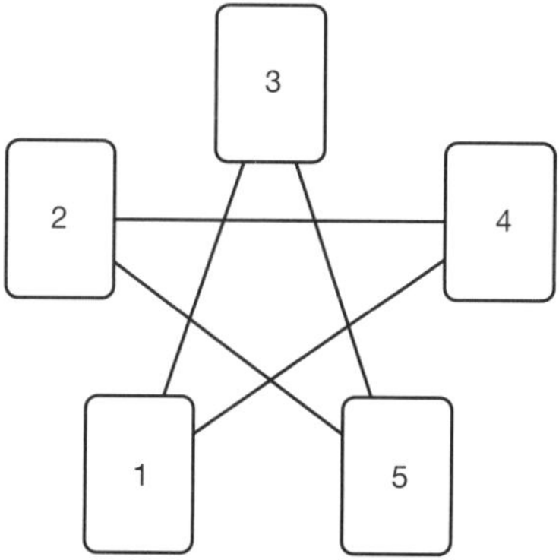

Nimm Karte Nummer 1 und lege sie ans linke untere Ende des Sterns.

Nimm Karte Nummer 2 und lege sie ein Stückchen weiter links darüber.

Nimm Karte Nummer 3 (die oberste Karte des dritten Stapels) und lege sie in die Mitte. Das ist der höchste Punkt des Sterns.

Dann nimm Karte Nummer 4 und lege sie nach rechts, an die Stelle des rechten oberen Sternenzackens.

Zum Schluss nimmst du Karte Nummer 5 und legst sie auf den Sternenzacken rechts unten.

Karte Nummer 1 sagt dir, was du dir deiner Meinung nach von einer Beziehung wünschst.

Karte Nummer 2 verrät, was du tun solltest, um dieses Ziel zu erreichen.

Karte Nummer 3 zeigt, welche Beziehung für dich zurzeit die bestmögliche wäre.

Karte Nummer 4 sagt dir, worauf du nicht verzichten darfst, nur um eine Beziehung zu haben.

Und Karte Nummer 5 beschreibt deinen bestmöglichen Partner!

Nimm dir Zeit, deine Gedanken zu diesem Kartenbild in dein »Buch der Schatten und des Lichts« (das Tagebuch der Erkenntnisse, die die Karten dir offenbaren) zu schreiben. Auch für das Lesen der Karten selbst solltest du dir Zeit nehmen und deine Gedanken hin und her wandern lassen, während du über die Bedeutung des Kartenbildes nachdenkst. Frage dich, was du dir wirklich von einer Beziehung wünschst – und ob du deinem Ziel, die Person, die für dich zurzeit am besten geeignet wäre, kennenzulernen, näher kommst. Sei mutig und unternimm Schritte, um jemand anderen zuerst einmal auf freundschaftlicher Basis kennenzulernen. Versuche zu erfahren, was für ein Mensch das ist, was ihm am Herzen liegt, wie er über Tiere, spirituelle Dinge und die Liebe denkt und wie eine fantastische Beziehung in seinen Augen aussehen müsste. Was hat er in seinem bisherigen Leben gelernt? Was ist ihm wichtig?

Das alles herauszufinden, kann schon eine Weile dauern. Manche Menschen errichten viele Schutz- und Verteidigungsmauern um sich herum – du vielleicht auch. Also lass dir ruhig Zeit. Es gibt vieles zu erkunden und zu genießen – sorge dafür, dass du die Realität des Menschen, zu dem du dich hingezogen fühlst, genau kennenlernst und nicht nur deine Wunsch- oder Fantasievorstellung von ihm oder seinen äußeren Schein! Werde dir darüber klar, was dir wichtig ist – dann wirst du auch eine klarere Vorstellung davon bekommen, mit wem du am liebsten zusammen sein möchtest. Und was noch wichtiger ist: Du erkennst dann auch, zu was für einem Menschen du dich entwickeln wirst, wenn du mit dieser Person zusammen bist.

~ Keltenkreuz-Legemuster der Meerjungfrauen

Durch dieses Legemuster schimmert der Meerjungfrauenspiegel hindurch. Es ist vor allem dann hilfreich, wenn du als professionelle Kartenlegerin arbeitest oder ein wirklich umfassendes Kartenbild für dich selbst brauchst – ein Bild, das viele Lebensbereiche abdeckt und dir tiefe Einsichten in deine Situation vermittelt. Mit dem Keltenkreuz-Legemuster, das nicht ohne Grund beim Wahrsagen so häufig verwendet wird, kannst du dieses Ziel erreichen – es ist ein sehr umfassendes, tiefgehendes Kartenbild.

Dazu brauchst du insgesamt 11 Karten: einen Signifikator (Karte Nummer 1) und 10 weitere Karten, von denen jede dir eine andere Frage beantworten wird.

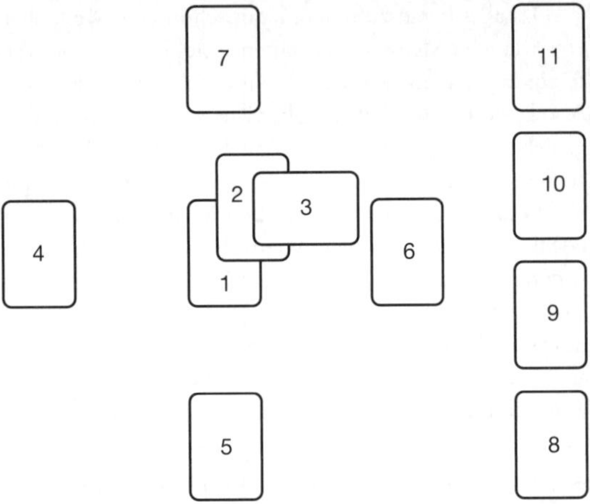

Zunächst bittest du den Klienten (oder Fragesteller), Karte Nummer 1 auszuwählen. Diese Karte ist der Signifikator, das heißt, sie steht für die Person des Klienten. Zeige ihm deine Karten, und zwar so, dass die Bilder nach oben zeigen. Er soll nun schnell und instinktiv eine davon auswählen. Wenn er das nicht kann, versuche es lieber mit einer anderen Methode: Lege die Karten mit den Bildern nach unten fächerförmig aus und fordere den Klienten auf, mit den Händen darüberzufahren. Dabei soll er darauf achten, welche Karte ihm das stärkste »Wärmegefühl« oder einfach die meiste Energie vermittelt.

Dann legst du diese Karte mit dem Bild nach oben auf den Tisch. Sie bildet den Mittelpunkt des Kartenbildes und repräsentiert die Person, für die du die Karten liest – den Menschen, den du vor dir hast.

Als Nächstes bittest du den Klienten, den ganzen Kartenstapel mit seiner nicht-dominanten Hand (in unserer »Rechtshänderwelt« ist das meistens die linke) noch einmal zu mischen und in drei Haufen zu teilen. Fordere ihn auf, diese drei Haufen mit der linken Hand wieder zusammenzulegen, so wie er es möchte. Dann nimm den Stapel zur Hand und lege die Karten von oben her aus. Du brauchst jetzt noch 10 weitere Karten.

Auf die Signifikatorkarte legst du Karte Nummer 2: Sie vermittelt dir Erkenntnisse zu dem Menschen, für den du die Karten liest. Wer ist er? Worum geht es ihm? Wie kannst du ihn besser verstehen? Was passiert in seinem Leben gerade?

Nimm die nächste Karte vom Stapel und lege sie auf die vorige Karte. Diese Karte Nummer 3 steht für Blockaden, Probleme oder Themen in der jetzigen Situation des Klienten: Sie »durchkreuzt« ihn im wahrsten Sinn des Wortes. Die Probleme, die sie repräsentiert, sind für ihn momentan also sehr wichtig.

Nimm nun die nächste Karte vom Stapel und lege sie links daneben. Karte Nummer 4 vermittelt dir Erkenntnisse über das Vorgeschehen. Wie ist der Klient dahin gekommen, wo er jetzt steht? Was hat zu den jetzigen Ereignissen in seinem Leben geführt? Was hat ihn stark beeinflusst, auch wenn ihm das bisher noch gar nicht klargeworden ist? Diese Karte verrät es dir ...

Nimm wieder eine Karte vom Stapel und lege sie unter die beiden in der Mitte liegenden Karten. Das ist Karte Nummer 5. Sie steht für die Gegenwart: was jetzt gerade im Leben des Klienten geschieht und welche Auswirkungen das in nächster Zeit auf ihn haben wird ... Oft bezeichnet man sie einfach nur als Karte der »Gegenwart und nahen Zukunft«; aber sie steht auch dafür, wie er die Welt zurzeit erlebt und empfindet – und man könnte natürlich ebenso gut sagen, dass er das, was gerade mit ihm »geschieht«, selbst erschaffen hat.

Rechts oben legst du Karte Nummer 6 hin: Das ist das, was als Nächstes kommt – wie die Situation und das Problem sich unter der zurzeit herrschenden Energie weiterentwickeln wird ... Ich finde es immer wieder wichtig, darauf hinzuweisen, dass das keine hundertprozentige Vorherbestimmung, sondern nur eine Möglichkeit ist. Es hängt so vieles von der Entscheidung des Klienten darüber ab, wie er seine Energie zum Ausdruck bringen möchte – durch eine Veränderung der Energie kann sich die ganze Situation drastisch verbessern. Und wenn Karte Nummer 6 fantastisch ist, braucht der Klient gar nichts zu tun, alles ist gut, und er manifestiert genau das, was er sich wünscht. Diese Karte ist also gewissermaßen ein Blick in den Meerjungfrauenspiegel der Möglichkeiten ...

Über die drei Karten in der Mitte legst du nun Karte Nummer 7 ... Sie steht für das, was ich als »bestmöglichen Ausgang der Situation« bezeichne: was in Anbetracht des Vorausgegangenen vermutlich geschehen wird. Das ist eine wunderbare Wahrsagekarte, denn sie zeigt, wie es höchstwahrscheinlich weitergehen wird. Immer mit der bereits erwähnten Einschränkung: Alles kann sich ändern – aber normalerweise beinhaltet diese Karte schon eine sehr genaue Voraussage; sie zeigt, was in Anbetracht der Absichten, der Energie und der Handlungen des Fragestellers, der Energie, die sich auf ihn auswirkt, und der Wünsche anderer beteiligter Personen geschehen wird. An der Aussage dieser Karte gibt es eigentlich kaum noch einen Zweifel ... Sie berücksichtigt ziemlich genau, wie alle Beteiligten handeln werden – unabhängig von deinem Rat ... Sie ist also fast schon so etwas wie eine Schicksals- oder Bestimmungskarte!

Nun wollen wir noch ein bisschen weiter in die Tiefe gehen – oder um es in den Worten der Meerjungfrauen auszudrücken: Wir tauchen jetzt ganz weit nach unten, um zu sehen, was am Grund dieses Gefühlsmeeres liegt. Ganz rechts unten legen wir Karte Nummer 8 aus: Sie steht für »das, was du dir wünschst«, also das, was den Fragenden am meisten beeinflusst – nur für den Fall, dass er (oder du selbst) noch ein paar nähere Informationen braucht, um die Aussage der Meerjungfrauen und der Karten und deine Deutung des Kartenbildes zu bestätigen. Diese Karte zeigt dir die Motivation deines Klienten – was er zu gewinnen hofft, kurz: seine Agenda. Manchmal ist es schwer, dieser Karte ins Gesicht zu sehen; aber das ist nun einmal der Spiegel der Meerjungfrauen, vor dem wir nicht die Augen verschließen dürfen.

Darüber legst du Karte Nummer 9: wie andere Menschen den Klienten momentan sehen. Das ist eine wunderbare Karte – denn die Sichtweise der anderen könnte einen wichtigen Einfluss auf die weitere Entwicklung der Situation haben und kann deinem Klienten sehr wertvolle Informationen geben – auch hier kommt der Meerjungfrauenspiegel ins Spiel. In dieser Karte können wir uns selbst aus der Perspektive eines anderen Menschen betrachten ... Wir erkennen, wie wir auf andere Leute wirken – vielleicht spiegelt sich darin nicht unbedingt unser wahres Wesen wider, aber wir können dadurch wichtige Einblicke in die Erwartungen und Reaktionen unserer Mitmenschen gewinnen!

Darüber legst du Karte Nummer 10. Sie verrät dir, wovor der Fragende Angst hat ...

Und zum Schluss kommt die Karte des sinnvollsten Handelns: Nummer 11. Diese Karte zeigt, was man am besten tun sollte und was infolgedessen wahrscheinlich passieren wird – wie die Geschichte ausgeht. Ich betrachte die Karte des Ausgangs der Situation und die Karte des sinnvollsten Handelns oft zusammen, um ein Gefühl dafür zu bekommen, wie die Geschichte für meinen Klienten ausgehen wird. Und nachdem ich dieses Kartenbild schon so oft interpretiert habe, traue ich mir wirklich zu, ihm ein klares Bild zu vermitteln. Wir Kartenleger und Wahrsager bringen den Frager wieder mit dem Göttlichen in Verbindung. Wir vermitteln ihm die Erkenntnis, dass er wirklich ein großes Mitspracherecht dabei hat, wie die Sache laufen wird ...

Die Arbeit mit den Meerjungfrauen in diesem Kartenset und diesem Legemuster kann uns ein großes Gefühl innerer Stärkung und emotionaler Verbundenheit vermitteln – sie schenkt uns eine Energie, die uns innerlich aufbaut!

Der Segen des Wassers sei mit dir ...

Und nun überlasse ich dich der Fürsorge der wunderbaren, mitfühlenden und unglaublich sinnlichen Meerjungfrauen. Mögen dir viele Kartenbilder voller Segen und Inspiration vergönnt sein. Und vor allem: Möge dir emotionale Heilung durch die Meerjungfrauen zuteil werden. Möge dein Herz von allen Verletzungen geheilt und wieder ganz werden, damit die Menschen, die dich lieben und für die du wertvoll bist, dieses Herz noch mehr zu schätzen wissen. Doch vor allem: Mögest du dein eigenes sinnliches, emotionales, immer im Fluss begriffenes Ich lieben lernen. Du wurdest aus dem Ozean geboren und vom Wasser gesegnet. Und jetzt bist du zu Hause angekommen und kannst endlich wieder ganz du selbst sein.

Sei gesegnet,

Lucy Cavendish

1. SCHÖNHEIT

Anmut, Liebreiz • Einheit von äußerer Erscheinung und Seele

Die Meerjungfrauen singen:

Schönheit – die Wahrnehmung von etwas zutiefst Harmonischem, das dem Auge und der Seele wohltut – ist eine Form des Großen Göttlichen. In gewisser Weise gilt Schönheit auch als Trick – als Effekt, den man durch Make-up, Frisuren, bestimmte Verhaltensweisen und andere Formen der Tarnung herbeizaubern kann. Doch tiefe, echte Schönheit, wie wir Meerjungfrauen sie kennen und sehen, entspringt nur einer Seele, die sich selbst kennt.

Schönheit ist keine Illusion, sondern eine Ausstrahlung der Seele. Wenn du schön sein oder dafür gehalten werden möchtest, sehnst du dich in Wahrheit nur danach, dass die anderen die Vollkommenheit deiner Seele erkennen. Zurzeit herrscht in eurer Kultur eine sehr engstirnige Auffassung von Schönheit – denn auch alte Menschen mit ihrem weißen Haar und ihren müden Augen sind schön, und auch in der Asymmetrie von Verletzungen und anderen Unregelmäßigkeiten der Gestalt, mit denen so viele von euch Menschen durchs Leben gehen müssen, liegt Schönheit.

Wenn dir diese Karte begegnet, solltest du endlich erkennen, dass du deine eigene Schönheit akzeptieren und pflegen musst. Aber versuche nicht in den blinden Augen einer Kultur schön zu sein, die dir einreden will, dass deine äußere Erscheinung unvollkommen ist; denn diese Kultur züchtet nur Neurotiker heran, die zurückgewiesen zu werden fürchten, weil sie nicht mehr jung sind und ihr Haar keinen Glanz mehr hat ... Die Schönheit, die wir hier meinen, geht viel tiefer. Sie bedeutet, von innen heraus zu strahlen, dein wahres Wesen zu betonen und mit ihm eins zu werden. Und sie bedeutet auch, so gesund zu sein und dich so wohl zu fühlen, wie es dir momentan möglich ist. Nicht nur die Wahrheit zu sagen, sondern in deinen Worten Güte und Anmut zum Ausdruck zu bringen – der Seele anderer Menschen Nahrung zu geben, sie in ihren Möglichkeiten und ihrer eigenen Schönheit zu unterstützen. Schönheit ist untrennbar mit dem äußeren Erscheinungsbild verbunden; doch die Art, wie du dich selbst siehst, beeinflusst auch andere in ihrer Sichtweise – wenn du deine eigene Schönheit nicht erkennst, werden viele andere Menschen sie wahrscheinlich auch übersehen. Selbst junge Leute, die unbestreitbar schön sind, können oft nichts Reizvolles an sich entdecken – denn in eurer Gesellschaft lernen sie immer nur, etwas an sich auszusetzen zu haben, und verschwenden ihre Energie dann darauf, diese Schönheitsfehler zu »korrigieren« – obwohl in Wahrheit eine viel wichtigere Aufgabe auf sie wartet. Wenn dir diese Karte begegnet, solltest du jeden Akt der Selbstachtung so gestalten, dass dir deine eigene Schönheit darin offenbar wird. Widme dich deinen Schönheitsritualen mit Achtsamkeit und Sorgfalt, verleihe ihnen eine tiefere Bedeutung – und erwecke die Schönheit zum Leben, die sich schon so lange danach sehnt, aus dir hervorzuleuchten ...

Die Werkzeuge, die uns Meerjungfrauen geschenkt wurden, sind gleichzeitig auch unsere Geschenke an dich. Unser Kamm sagt dir, was für ein wertvoller und heiliger Akt es ist, dich um dein physisches Ich zu kümmern. Wenn wir akzeptieren, dass unser Körper Zuwendung und Ehrerbietung verdient, wird jede Schönheitspflege zu einem kleinen Ritual, das uns über unsere banale, kommerzielle Alltagswelt hinaus- und in den Bereich des Heiligen hineinhebt. Damit machen wir unseren Körper zu einem Tempel, den wir lieben und verehren und dem wir unsere Dankbarkeit zeigen. Durch diese Ehrung des Körpers erweisen wir letztlich dem Gott, der Göttin und dem Lebensfunken selbst unsere Ehrerbietung.

Umgedreht:

Du hältst dich nicht für schön und wehrst alle Komplimente ab, weil du sie nicht verdient zu haben glaubst. Du hast an allem etwas auszusetzen – an deiner Figur, deiner äußeren Erscheinung – und willst nichts für dein Äußeres tun, weil du denkst: Was hat das für einen Sinn? Du behandelst dich wie etwas Grobschlächtiges, Verschandeltes, pflegst weder deine Figur noch dein Gesicht. Solche Aktivitäten hältst du für »dumm« und vermutest pure Eitelkeit dahinter, obwohl sie auch aus Selbstliebe erwachsen können. Oder du kritisierst sogar andere Menschen wegen ihrer Figur und äußeren Erscheinung, statt dich auf dein eigenes Aussehen zu konzentrieren.

Was könntest du tun, damit du das Gefühl hast, wieder ganz du selbst und von innen heraus schön zu sein?

Prophezeiung:

Es ist an der Zeit, dir zu sagen, dass du schön bist. Und etwas für deine Schönheit zu tun. Widme dich Schönheitsritualen für deine Haut, deine Haare und deine Zähne – aber achte darauf, damit deine einmalige Persönlichkeit zu unterstreichen. Für deine Körperpflege solltest du reine Naturprodukte verwenden und deine äußere Erscheinung so gestalten, dass dein eigenes Ich darin hundertprozentig zum Ausdruck kommt.

In diesem Ich liegt nämlich deine wahre Schönheit.

2. TRANSPARENZ

Ehrlich, authentisch, echt
In der Gegenwart lebend

Die Meerjungfrauen singen:

Jetzt ist es an der Zeit, ganz ehrlich zu sein – so ehrlich, wie du nur irgend kannst. Das ist schwer. Ihr fabuliert euch nämlich so viele Geschichten darüber zusammen, wer ihr seid, und versteckt so vieles von eurem wahren Wesen hinter einer Schutzschicht … Doch jetzt ist die Perle der Wahrheit gefragt.

Wenn wir zu dir kommen, fordern wir dich auf, in ganz einfachen, klaren Worten die Wahrheit zu sagen. Über deine Gefühle. Deine Wünsche. Und auch über deine Unkenntnis mancher Dinge. Selbst wenn du noch nicht einmal genau weißt, was du empfinden sollst – sag es einfach. Wir, die Mächte des Wassers, bitten dich, einfach klar und unübersehbar dazustehen – dich sehen zu lassen. Zeige dich, sagen wir, denn es gibt so viel Schönes und Anziehendes an dir; aber wir können nicht erkennen, wer du bist. Es ist Zeit, deiner inneren Wahrheit gerecht zu werden und für eine Weile hundertprozentig aus dieser Wahrheit heraus zu leben. Es ist nicht immer leicht, schlicht, klar und wahrhaftig zu sein.

Aber genau das lernst du jetzt gerade. Und was da vor unseren Augen Gestalt annimmt, ist gut und wertvoll und verdient es, genau angesehen zu werden.

Umgedreht:

Vielleicht verbirgst du eine Wahrheit vor deinen Mitmenschen, oder du versteckst dein wahres Wesen. Es ist nicht immer leicht, herauszufinden, wie du den anderen dein wahres Ich zeigen sollst; und oft weißt du ja auch selbst gar nicht so genau, was oder wer du bist – doch jetzt weißt du zumindest, dass es etwas gibt, was die anderen erfahren sollten. Es wäre wundervoll, wenn du diese Wahrheit einem Menschen deines Vertrauens offenbaren würdest – wenn du dich endlich von dem Gefühl lösen könntest, dein Verhalten genau unter Kontrolle halten zu müssen, damit du nur ja keinen Fehler machst und womöglich aus Versehen verrätst, wer du bist. Je mehr du dich daran gewöhnst, anderen zu vertrauen, umso mehr vertrauenswürdige Menschen werden in dein Leben treten.

Jetzt bist du bereit, mit Leuten zusammenzutreffen und zusammen zu sein, die dich lieben und respektieren – mit all deinen Schwierigkeiten und all den Entscheidungen, die du in diesem Leben bereits getroffen hast.

Du bist es wert, geliebt zu werden – und zwar alles an dir. Deine Vergangenheit, deine Gegenwart und auch der Mensch, zu dem du dich gerade entwickelst.

Prophezeiung:

Es gibt eine Wahrheit, die ausgesprochen werden muss. Es ist an der Zeit, jemandem, vor dem du vieles von dir verborgen hast, reinen Wein über dich einzuschenken. Ihm klarzumachen, was du meinst und was du willst. Ehrlich in dich hineinzuschauen und dein wahres Wesen zu erkennen. Vielleicht musst du dazu erst einmal eine Zeit lang ganz still werden. In letzter Zeit haben so viele Bewegungen die Oberfläche deines Gewässers gekräuselt, dass keine klare Sicht mehr möglich war. Komm zur Ruhe. Sieh, wie das Wasser sich klärt – und schau tief hinein. Und dann teile das, was du da siehst, jenem Menschen deines Vertrauens mit – und gestehe es vor allem erst einmal dir selbst ein. Dein wahres Wesen schreit schon lange verzweifelt danach, gehört zu werden; dein wahres Gesicht sehnt sich danach, der Welt offenbart zu werden. Von nun an werden deine Mitmenschen wissen, wer du bist.

Manche werden sagen, du habest dich verändert; doch in Wahrheit bist du nur zu dem Menschen geworden, der du im Grunde deines Herzens schon immer warst.

3. EMPFÄNG-LICHKEIT

Erlaube dir, zu nehmen und zu geben!

Die Meerjungfrauen singen:

Vielleicht hast du in diesem Leben gelernt, dass vieles, was man dir anbietet, einen Haken hat: Du wurdest geködert, und manchmal hatte es negative Folgen, wenn du Angebote annahmst – es war eine Falle dabei. Wir Meerjungfrauen kennen das, denn wir haben schon oft erlebt, wie unsere Gefährten, die schönen Meerestiere, mit vermeintlichen Leckerbissen angelockt und dann mit Haken gefangen und an Land gezogen wurden. Ihr Impuls, sich einfach zu nehmen, was sie haben wollten, wurde ihnen zum Verhängnis. Aber manche Gaben werden uns offenen Herzens angeboten – es gibt tatsächlich Menschen, die dir ihre Hand mit einem Geschenk entgegenstrecken und dabei nur das Vergnügen im Auge haben, mit dir in Kontakt zu treten – dich glücklicher und zufriedener zu machen, dir Freude und Sicherheit zu schenken.

Nicht alle Geschenke sind an Bedingungen geknüpft – und in diesem Fall bitten wir Meerjungfrauen als Geschöpfe des Wassers (des empfänglichsten aller Elemente) dich, dein Herz zu öffnen und das Geschenk, das dir dargeboten wird, anzunehmen. Diese Gabe – sei es Geld, Liebe, ein Geschenk oder eine Dienstleistung –, wird dir einfach nur deshalb zuteil, weil das Geschöpf, das es dir anbietet, Freude am Geben hat. Deine Empfänglichkeit macht dieses Geben und Nehmen zu einem heiligen Akt.

Manchmal muss man auf seine Intuition hören und sich von seiner inneren Stimme warnen lassen; aber es gibt auch Zeiten, in denen man einfach unbefangen auf andere zugehen und lernen muss, etwas anzunehmen. Ein solcher Zeitpunkt ist jetzt für dich gekommen. Wir Meerjungfrauen finden, dass dir eigentlich viel mehr zusteht, als du zurzeit besitzt – und diesmal kannst du das Angebot gefahrlos akzeptieren, mit offenem, vertrauensvollem Herzen. Es wird ein gesegneter Austausch sein – ohne dass du deshalb jemandem etwas schuldig bist. Ohne Haken. Ohne Bedingungen. Einfach nur ein freudiges Annehmen all der Gaben, die dir nun endlich bestimmt sind.

Umgedreht:

Du bist skeptisch und zweifelst an der Aufrichtigkeit eines Angebots – du hältst es für sicherer, deine Mitmenschen um nichts zu bitten und auch nichts von ihnen anzunehmen, denn du wurdest in der Vergangenheit schon einmal von jemandem verletzt, der dein schönes, offenes Herz getäuscht hat. Seitdem hast du das Gefühl, dass bei solchen Geschenken immer ein Haken dabei ist – im wahrsten Sinn des Wortes eine Art energetischer Angelhaken, der an dir zerren und dich verletzen kann – und dass du früher oder später dafür bezahlen musst.

Diese Angst und innere Anspannung willst du nicht mehr erleben, dieses schreckliche Warten darauf, dass der Haken sich in dein Fleisch bohrt, die Angelschnur angezogen wird, die Fesseln sich um dich schlingen – du möchtest frei sein. Aber das ist keine echte Freiheit – denn es gibt jemanden, zu dem du Vertrauen haben kannst, und vielleicht spricht das Universum gerade jetzt durch diesen Menschen zu dir. Es war klug von dir, aus deinen schlechten Erfahrungen zu lernen – aber es ist unklug, jedem Geschenk zu misstrauen, das dir angeboten wird. Stimme dich auf die Energie des Angebots ein, und du wirst sehen: Diesmal lohnt es sich, dich für die Möglichkeit zu öffnen, dass du eine Gabe tatsächlich gefahrlos annehmen kannst ... Genau das ist die heilsame Botschaft der magischen Gewässer: Diesmal darfst du dich ruhig öffnen und jemanden oder etwas in dich hineinlassen.

Prophezeiung:

Vielleicht wird dir eine kostenlose Dienstleistung angeboten. Oder jemand möchte dir Liebe, Zeit, Freundschaft oder Heilung schenken oder dich einfach in eine

Gruppe liebevoller, warmherziger Menschen aufnehmen. Es scheinen Liebe und Glück auf dich zuzukommen – und zwar müheloser als je zuvor. Es ist dir tatsächlich gelungen, die Erfüllung deiner Wünsche zu manifestieren – doch statt dieses Geschenk freudig anzunehmen, begegnest du ihm mit Misstrauen. Jemand liebt dich von ganzem Herzen und möchte dir aus diesem Gefühl heraus etwas schenken; oder ein Verwandter bietet dir seine Hilfe an. Diesmal kommt das Universum mit seiner ganzen Fülle auf dich zu – nun ist es an dir, dich zu öffnen und diese Gaben zu empfangen.

Empfänglichkeit ist eine typische Eigenschaft des Wassers ... Und jetzt solltest du auch so sein wie das Wasser ... Nimm all das Gute des Universums, das der Schöpfer dieser Welt dir sendet, in Empfang.

Strecke deinen Kelch hin und lass ihn dir wieder auffüllen. Lass deinen Teich wieder voller Wasser sein. Das hast du verdient. Nimm das Geschenk ruhig an.

Diesmal ist kein Haken dabei.

4. DAS UNSICHTBARE

Dir bleibt zu vieles verborgen

Die Meerjungfrauen singen:

Du brauchst mehr Informationen. Wir raten dir dringend, alles, was man dir erzählt, mit eigenen Augen zu überprüfen und nur das zu glauben, was deine persönliche Erfahrung dir aus erster Hand bestätigt ...

Zu vieles ist noch unbekannt. Deshalb solltest du die Gewässer, die vor dir liegen, genau prüfen und herausfinden, was unter der Oberfläche liegt. Manchmal ist es leichter, sich einfach in eine Sache hineinzustürzen, ohne einen Blick hinter die Fassade zu werfen.

Doch diesmal bitten wir dich von ganzem Herzen, die Situation genau unter die Lupe zu nehmen. Es gibt nämlich viele Informationen, die erst noch »ans Licht« kommen müssen, wie ihr Menschen sagt. Vielleicht lauern unter Wasser große, spitze Felsen, und es könnte gefährlich für dich sein, einfach hineinzuspringen. Oder es schwimmen Stöcke und anderes Treibgut auf den Wellen umher. Vielleicht gibt es Untiefen, auch wenn das Wasser für einen Sprung tief genug zu sein scheint – wir Meerjungfrauen winken dir aus unserer wässrigen Heimat warnend zu und bitten dich inständig, lieber erst einmal genau nachzumessen, ehe du springst! Frage andere Menschen um Rat, die mit diesem Terrain und diesen Menschen bereits Erfahrung haben. Es ist zwar sehr wichtig, mit argloser Begeisterungsfähigkeit an das Leben heranzugehen; doch diesmal empfehlen wir Meerjungfrauen dir, andere, erfahrenere Menschen nach ihrer Meinung zu fragen und deinen gesegneten gesunden Menschenverstand zu benutzen, damit du dich nicht in Gefahr begibst – denn in dieser Situation können Gefahren lauern.

Zurzeit tut sich vieles, was du aus deiner jetzigen Perspektive gar nicht richtig erkennen kannst. Du musst erst noch mehr – viel mehr – herausfinden, ehe du auch nur ans Handeln denken kannst.

Umgedreht:

Dir fehlt es an Vorsicht, Informationen und Verständnis. Du verspürst den Impuls, dich in etwas Gefährliches hineinzustürzen. Eine riskante Situation, auch wenn oberflächlich betrachtet alles in Ordnung zu sein scheint. Eine Person, die einen »guten« Eindruck macht, in Wahrheit jedoch mehr Gefahren für dich birgt und mehr Schaden anrichten kann, als es dem äußeren Anschein nach möglich ist. Schau hinter die Fassade und beschaffe dir die richtigen Informationen. Fordere Beweise, stelle Nachforschungen an, höre dich um. Gewinne Klarheit darüber, worauf du dich da einlässt. Spring nicht einfach los, ohne vorher genau hingeschaut zu haben.

Normalerweise würden die Meerjungfrauen dich vielleicht anfeuern und sich über deinen Mut freuen – aber diesmal nicht.

Es wäre tollkühn, jetzt einfach vorwärtszupreschen, ohne erst noch viel mehr Informationen einzuholen, als dir bislang zur Verfügung stehen.

In dieser Situation trügt der Schein.

Prophezeiung:

Halte Ausschau nach versteckten Klauseln in Verträgen. Hab nicht einfach Vertrauen, nur weil dein Wunschdenken dir das eingibt. Lass eine Bauinspektion durchführen. Unterziehe dich einer Vorsorgeuntersuchung. Hüte dich vor einer Operation. Investiere nicht in ein Projekt, nur weil es neu und faszinierend ist.

Denke genau nach, ehe du dich auf Kontakte mit neuen Leuten oder auf deren Vorschläge einlässt. Denke darüber nach, was unter der Wasseroberfläche liegt – denn es gibt Felsen, Strömungen, Treibgut und andere Gefahren –, und nur wer dieses Gewässer genau kennt, kann dir bei deiner Entscheidung helfen. Aber nutze auch dein eigenes Urteilsvermögen: Erwäge das Ausmaß deines Engagements, stelle Nachforschungen an, um dir ein besseres Bild von dem geplanten Projekt oder Unternehmen machen zu können – und habe deshalb kein schlechtes Gewissen! Eine solche Vorgehensweise erscheint dir vielleicht weniger romantisch und idealistisch, und du musst dabei kurzfristig auf ein reizvolles, faszinierendes Erlebnis verzichten – aber dafür ersparst du dir Knochenbrüche, tiefe Wunden, ja womöglich sogar irreparable Verletzungen.

Hör auf die Meerjungfrauen: Sie waren schon da unten. Und sie wissen viel besser als du oder irgendjemand sonst, was hinter dieser Situation steckt.

5. SIRENEN-GESANG

Der Ruf • Aufforderung, Stimme • etwas anerkennen

Die Meerjungfrauen singen:

Alle Elementarwesen wünschen sich, dass du deine Stimme ungehemmt erhebst, dass du dein Lied singst und irgendetwas von dir gibst, was zur Energie der Welt beiträgt – aber niemand sehnt sich mehr nach deinem Gesang als die wunderschönen Meerjungfrauen!

Meervolk und Musik gehören zusammen ... Wenn wir auf den Klippen sitzen und unser langes, lebendiges Haar kämmen, summen wir dem Ozean ein Lied von Liebe und Zärtlichkeit vor.

Unser Lied bringt dich mit den Gezeiten des Meeres, den Mondphasen und Rhythmen deines eigenen Körpers in Kontakt. Unser lebensspendender Gesang bietet dir energetische Nahrung.

Auch du kannst die Welt mit deinem Gesang ernähren – egal, was andere über deine Stimme sagen!

Es heißt, dass Gesang der »Schlüssel« ist, dem sich alle erdenklichen Welten auftun, und dass du durch ihn ins Reich der Feen, der Magie und der Meerjungfrauen eintreten kannst – dass Klänge uns tatsächlich das Tor zu anderen Realitäten öffnen.

Umgedreht:

Du bleibst stumm, weil du dir einbildest, »nicht singen zu können«. Dieses Problem setzt sich auch auf energetischer Ebene fort, so dass du den Ausdruck deiner eigenen Energie blockierst und deine innere Schönheit nicht ergründen möchtest. Du unterdrückst deine Töne, hast zwar große Sehnsucht danach zu singen, glaubst aber, dass die Gabe des Gesangs nur wenigen Menschen gegeben ist oder dass man dazu eine gute Stimme haben muss; oder du redest dir ein, dass es irgendwie »uncool« wäre, wenn du jetzt anfängst zu singen ... Es hat auch schon Zeiten gegeben, in denen andere Menschen deine Klänge unterdrückten oder übertönten; aber jetzt bist *du* diejenige, die das geschehen lässt. Bitte lass deine Töne aus dir herausfließen – dann werden die richtigen Worte und die richtige Bedeutung automatisch hinterherkommen.

Du hast Angst davor, zu singen oder deine Meinung zu sagen, weil du dich vor der Aufmerksamkeit deiner Mitmenschen fürchtest. Aber du erhebst deine Stimme ja nicht um der »Aufmerksamkeit« willen, sondern um ganz und gar lebendig zu sein und im Fluss der Energie mitzuströmen, die uns umgibt. Wenn diese Karte auf dem Kopf steht, kann das manchmal auch bedeuten, dass du dich nun endlich doch traust zu singen, dabei aber jemand anderen nachahmst …

Also sei nicht so streng in deinem Urteil, sondern suche nach deiner eigenen Qualität und deinem eigenen Ton …

Dein Lied wird schon zu dir kommen und in seiner Echtheit und einzigartigen Klangfarbe wunderschön sein.

Prophezeiung:

In vielen Märchen und Legenden geht es um ein verlorenes Lied oder um einen vergessenen Ton oder Akkord; und wenn wir diesen Klang wiederfinden, kann er uns ins Feenreich führen und nach Hause zurückbringen. Manchmal wird dieses Lied auf einer Harfe aus Walbein gespielt … So fließt es wieder dem Meer zu: ein wundervoller Gesang, der den Schleier lüften kann und uns in jene Reiche hineinschauen lässt, die uns in blitzschnellem Wirbel umtanzen, unsichtbar wie Radiofrequenzen – auf die wir uns aber dennoch einstimmen können, wenn wir nur den richtigen Ton finden.

Jetzt solltest du dich mit der Frage befassen, wie du deine Stimme erklingen lässt – und welche Wirkung ihr Klang und deine ganz besondere »Signatur« auf deine Umgebung haben. Die Menschen und das Universum werden nämlich ganz anders auf dich reagieren, wenn du deine Stimme mit der ihren in »Übereinstimmung« bringst. Das heißt nicht, dass du ihnen etwas vortäuschen oder die Unwahrheit sagen sollst.

Es bedeutet vielmehr, dass du das Schloss durchbrechen musst, mit dem du deine Kehle verriegelt hast, auch wenn dir das noch so unangenehm ist.

Bitte die Meerjungfrauen um Hilfe dabei; dann wird dein Gesang aus dir herausströmen wie das Lied der Meereslebewesen – du wirst deine natürliche Stimme finden und erklingen lassen und endlich wieder frei sein.

6. KLÄRUNG DES ENERGIEFELDES

Reinigung der Aura
Gesundheit

Die Meerjungfrauen singen:

Dein Körper, deine Seele, dein Geist, deine Emotionen – sie alle stehen in einem komplexen, fein ausbalancierten Verhältnis zueinander und erzeugen ein Energiefeld, das hellsichtige Menschen sehen können und das auch viele andere Leute spüren: die Aura. Sie hat großen Einfluss auf deinen Gesundheitszustand und darauf, was für Menschen und Erfahrungen du anziehst oder ob es Probleme in deinem Leben gibt. Mit Unterstützung von uns Meerjungfrauen kannst du die Qualität und den Gesundheitszustand deiner Aura beeinflussen, denn da wir im Salzwasser leben, wird unser aurisches Feld ständig gereinigt und erneuert. Deine menschlichen Freundinnen und Freunde, die oft eher dem Element der Luft als des Wassers angehören, haben normalerweise mehr zu reinigen als deine Verbündeten und Freundinnen unter den Meerjungfrauen. Doch da wir Meerjungfrauen auf deiner Seite stehen, möchten wir dir ein wundervolles Geschenk machen: unseren magischen Kamm. Die Sagen und Märchen über Meerjungfrauen erwecken oft den Eindruck, als täten wir den ganzen Tag nichts anderes, als uns zu kämmen – als seien wir eitel und dächten nur an unser Aussehen. Und in gewisser Weise kann man unser Verhalten auch tatsächlich so deuten ... Doch der Kamm der Meerjungfrau dient nicht nur der Schönheitspflege – er gehört zu ihren magischen Werkzeugen, mit denen sie ihre Aura reinigt und klärt. Ihr Haar ist ein Symbol für ihre persönliche Macht und Anziehungskraft – und das Kämmen bedeutet, dass sie nachdenkt, abwägt, Gedankenknäuel und -knoten glättet, ihr geistiges Feld entspannt und lockert ... Mit dem Kamm kann man übrigens nicht nur die Haare, sondern den ganzen Körper bearbeiten ... Er steht als Symbol dafür, wie du dein ganzes aurisches Feld durchkämmen und von Giftstoffen, Abfällen und »infektiösen« Stellen befreien kannst, indem du in reinigendes Wasser eintauchst, das sauber ist und ungehindert fließt – entweder in eine Heilquelle oder in salziges Meerwasser. Diese Gift- und Abfallstoffe kannst du dann später aus deinem Körper, deinem Geist und deinen Emotionen herausfließen lassen. Das ganze ozeanische Feld, ein Wasserfall, das heilende Wasser einer Quelle, eines Sees oder Teiches – sie alle können deine Aura reinigen und pflegen. Und wenn kein Gewässer in der Nähe ist, in das du eintauchen kannst, oder wenn es zu kalt, zu verschmutzt oder was auch immer ist, dann lass deine Aura einfach in Gedanken durch die Kraft von uns Meerjungfrauen reinigen.

Umgedreht:

Selbstvernachlässigung; der Glaube, dass Körperpflege nichts anderes ist als Eitelkeit; eine große Blockade, die deiner Selbstliebe und deinem Glück im Weg steht. Du möchtest dich nicht mit deinem Bedürfnis nach energetischer Selbstfürsorge beschäftigen oder hast kein Verständnis dafür. Auf Kosten der Gesundheit deiner Aura vernachlässigst du sämtliche Heilungsformen der Natur; du hast das Gefühl, dass nur ein Mensch Heilung bringen oder göttliche Energien channeln kann, die uns reinigen und klären; du meinst, dass nur andere Leute sich um ihre energetische Gesundheit kümmern müssen, aber nicht du. Du verbringst zu viel Zeit drinnen, ohne Sonnenlicht und fern von reinigenden Gewässern. Sehnsucht nach Gesundheit; Krankheit und gestörte emotionale Muster, die ihren Ursprung im sensiblen Aurakörper haben. Deine Aura braucht jetzt ganz besondere Ruhe, Pflege und Behandlung. All das findest du in der Natur, bei Menschen, die wir Heiler nennen, aber auch in der heilsamen Fülle deiner eigenen Fantasie.

Prophezeiung:

Es ist Zeit, deine Aura zu reinigen und zu klären – und zwar jetzt gleich, auf der Stelle. Beseitige Ungleichgewichte in deinem Energiefeld und kümmere dich liebevoll um seine Bedürfnisse. Räume dieser Aufgabe genauso viel Priorität ein wie der Pflege deines physischen Körpers. Es ist sinnvoll, deine Aura von einem anerkannten, vertrauenswürdigen Medium lesen zu lassen und dessen Botschaften zu beherzigen. Sei dir bewusst: Die Natur und dein eigenes Energiefeld bieten dir viele Möglichkeiten zur inneren Reinigung.

Mache dir klar, dass auch du ab und zu – vielleicht sogar oft – die Aura anderer Menschen sehen und spüren und damit in Kontakt treten kannst. Je ehrlicher du dir das eingestehst, umso stärker stimmst du dich auf die Energiefelder deiner Mitmenschen ein und umso intensiver werden sie dir bewusst.

Zurzeit hast du ein besonders feines Gespür für die Aura anderer Menschen – also achte darauf, dein eigenes Energiefeld ins Gleichgewicht zu bringen und zu reinigen, statt dich auf die Störungen und Ungleichgewichte in den Auren deiner Mitmenschen zu konzentrieren. Mache dir klar, dass du dich sehr feinfühlig und ethisch korrekt verhalten musst, wenn du etwas in der Aura eines anderen Menschen wahrnimmst – lass dich nicht zu spontanen Auralesungen verleiten, wenn deine innere Stimme dich nicht ausdrücklich dazu auffordert.

Die Meerjungfrauen werden dir bei der Entscheidung helfen, wann und wie du jemandem eine Botschaft vermitteln sollst, die dir eingegeben wird!

7. FREIHEIT

Unabhängigkeit
Selbstbestimmtheit

Die Meerjungfrauen singen:

In manchen Lebensphasen identifizieren und definieren wir uns über die Gruppe oder Organisation, der wir angehören. Dadurch kann unsere eigene Energie mit der Zeit geschwächt werden. Mit dieser Karte fordern wir Meerjungfrauen dich auf, darüber nachzudenken, wer du bist, wenn du gerade nicht zu einer Familie, Beziehung oder Organisation gehörst.

Es ist an der Zeit, wieder mehr auf eigenen Füßen zu stehen, statt immer nur auf die Bedürfnisse der Gruppe Rücksicht zu nehmen, obwohl auch das natürlich ein edles und wundervolles Verhalten ist ...

Aber was wir Meerjungfrauen dir jetzt sagen, ist so schön! Du sollst auf eigenen Füßen stehen! Endlich eine eigene Geldquelle zu haben – ein kleines Konto, auf dem du dir etwas Geld für die Erfüllung deiner Träume ansparen kannst –, reicht schon aus. Eine eigene Identität zu besitzen, egal, ob du gerade in einer Liebesbeziehung lebst oder nicht! Zu wissen, wer du bist – was du magst, liebst und wünschst, wovon du träumst und was du dir für die Welt ersehnst, unabhängig von den Wünschen deiner Familie oder Gruppe.

Inzwischen ist es nämlich so weit gekommen, dass das Gruppendenken dir – wenn auch auf noch so subtile Weise – deine Unabhängigkeit und Selbstbestimmung raubt. Also nimm dir ein bisschen Zeit für dich selbst. Distanziere dich von der Gruppe. Beobachte. Aber geh auch in dich und spüre in dein Innerstes hinein. Beginne dir über deine eigenen Wünsche klarzuwerden – und diese zu deiner Gruppe beizusteuern.

Du hast deine Wünsche und Sehnsüchte nun schon zu lange verschwiegen und die Interessen anderer Menschen über deine eigenen gestellt!

Wenn dir diese Karte begegnet, wollen wir Meerjungfrauen dir damit sagen, dass jetzt *du* an der Reihe bist – aber erst einmal musst du dich selbst, dein wahres Ich, wieder neu kennenlernen.

Umgedreht:

Du verleugnest deine Individualität oder enthältst sie dir vor. Du siehst dich immer nur als Teil einer Gruppe und hast Angst davor, wer du sein würdest oder was passieren könnte, wenn du eine Zeit lang allein auf dich gestellt wärst.

Stell dir einmal eine einfache Frage: Wenn du eine Woche lang ganz allein wärst, ohne Gruppe um dich herum, die dir sagt, welche Partei du wählen, wie du denken, aussehen oder sein sollst – wer wärst du dann? Vielleicht hast du dein äußeres Erscheinungsbild, deine Überzeugungen, ja sogar deinen Körper verändert, nur um anderen Menschen zu gefallen oder dich ihnen anzupassen.

Prophezeiung:

Mit ihrer Unabhängigkeitsliebe und ihren flüchtigen Liebesaffären zeigt euch die Meerjungfrau, wie ihr inmitten intimer körperlicher Beziehungen trotzdem euch selbst treu bleiben könnt. Sie lebt ihre Schönheit und Sexualität ohne Schamgefühl und zeigt ihre verführerische Ausstrahlung ganz unbefangen.

Dadurch lehrt sie euch, dass ihr begehrenswert und mächtig seid – einfach weil du am Leben seid.

Wenn ihr euch nur jenen Meerjungfrauen seelenverwandt fühlt, die sich selbst aufgeben, um mit dem Geliebten vereint zu sein, solltet ihr euch vielleicht einmal Gedanken darüber machen, wie viel ihr an euch verändert, wenn ihr mit einem Partner zusammen seid. Dieses Meerjungfrauen-Syndrom kann so weit gehen, dass Frauen (und auch Männer!) sich selbst aufgeben: Sie verändern ihr Aussehen, ihr Verhalten und ihre Interessen oder nehmen sogar eine andere Religion an, nur um mit dem geliebten Menschen zusammen zu sein.

Die Meerjungfrauen fordern euch auf, eurem wahren Wesen näherzukommen und euren eigenen Wahrheiten gerecht zu werden, statt euch die Wahrheiten einer anderen Person zu eigen zu machen und der Zweisamkeit eure Persönlichkeit zu opfern – obwohl der Partner das vielleicht nicht einmal von euch verlangt!

8. FRUCHTBARKEIT

Potenzial • Starke schöpferische Energie • Einweihungsenergie

Die Meerjungfrauen singen:

Wir Meerjungfrauen bringen dir nun eine mächtige Kraft: die Macht, etwas zu erschaffen, zu beginnen, in die Wege zu leiten und wachsen zu lassen. Manche Menschen nennen das Fruchtbarkeit und bringen es nur mit dem Akt der Empfängnis in Verbindung. Du bist jetzt ein fruchtbares Geschöpf – ein Wesen, das Energie, den inneren Reichtum und die Güte besitzt und bereit ist, ein großes Projekt hervorzubringen. Das ist der Augenblick der Entscheidung: Willst du diese große Kraft nutzen und herausfinden, was du brauchst, um die Saat in deine eigenen fruchtbaren Gewässer zu legen? Wir Meerjungfrauen sagen, dass jetzt vielleicht der richtige Zeitpunkt dafür gekommen ist – dass du alles hast, was du brauchst und dir wünschen kannst, um Schöpfungen, Ideen, Menschen oder Träume zu blühendem Leben zu erwecken ...

Jetzt musst du entscheiden, wie du dieses Potenzial ergründen und nutzen möchtest.

Du bist ein fruchtbares Wesen, das der Welt großen Reichtum bringen kann – neues Leben, neues Wachstum ist bereit, deinen Gedanken und Emotionen, deinem Körper und deiner Seele zu entspringen.

Umgedreht:

Unfruchtbarkeit; Mangel an Inspiration; du versuchst Samen auszusäen, die nicht keimen wollen. Ein Garten ist gestorben. Vielleicht hast du Probleme mit dem Thema Fruchtbarkeit. Es kann sein, dass du ein Kind empfangen und zur Welt bringen möchtest und all deine Bemühungen in dieser Richtung schon seit einiger Zeit fehlgeschlagen sind. Vielleicht musst du dich an ein heilsames Diät- und Übungsprogramm halten, um deine körperliche Fruchtbarkeit zu unterstützen und zu nähren; oder du musst deinen Körper anpassen und verändern. Informiere dich über natürliche Alternativen zur Herstellung des hormonellen Gleichgewichts und der Empfänglichkeit, die du brauchst, damit neues physisches Leben in dir wachsen kann. Vielleicht musst du aber auch nach anderen Ideen zur Finanzierung einer neuen Idee oder Geschäftschance suchen. Es kann sein, dass die Zeit dafür noch nicht reif ist – forsche einfach weiter und arbeite noch ein bisschen an deiner Gesundheit und deinem Wohlbefinden, dann wird der Boden für neues Wachstum bereit und fruchtbar sein, und du wirst alles haben, was du brauchst, um neues Leben zu fördern und zu erhalten.

Zurzeit hast du nicht genug Energie, um etwas Neues zu schaffen. Also konzentriere dich lieber erst einmal darauf, eine Fülle an neuer, gesunder Energie aufzubauen, und lass diese dann in die Erschaffung und Verwirklichung deines Traums hineinfließen – sei es ein Baby, ein neues Projekt, eine kreative Idee oder einfach nur liebevolle Fürsorge für einen Menschen, der dir wichtig ist.

Prophezeiung:

Eine Zeit der Bereitschaft für die Entwicklung und das Wachstum eines neuen Projekts. Kann im wahrsten Sinn des Wortes bedeuten, dass es jetzt an der Zeit ist, neues Leben zu empfangen und wachsen zu lassen. Einnahme pflanzlicher Nahrungsergänzungsmittel und Veränderung deiner Ernährung und Lebensweise, um neuen Projekten einen gesunden Start zu ermöglichen. Projekte guten Willens in die Wege leiten – mit positiver Einstellung und innerem Reichtum. Das eigene Ich nicht mehr länger vernachlässigen. Glückseligkeit, Sättigung, Überfluss. Du trägst zurzeit ein großes Potenzial in dir. Es ist wichtig, dich jetzt von dieser Energie tragen zu lassen, deine Wurzeln noch tiefer in den Boden zu schlagen und deine Saat in die Erde zu legen.

Lass diese fruchtbare Phase nicht ungenutzt verstreichen. Lege den Samen deiner Ideen und Träume in den

Boden und bringe sie durch dein Handeln in die Welt, in die Realität hinein. Die Meerjungfrauen wissen, dass du genau der richtige Mensch bist, um diese Idee, dieses Lebewesen oder Projekt hervorzubringen.

Dir ist jetzt eine Zeit großer Möglichkeiten und perfekter Voraussetzungen gegeben ... Nun musst du dein Bestes tun, um den Erfolg zu gewährleisten.

Das Samenkorn liegt in deiner Hand.

Lass es in die reife, gute Erde hineinfallen, damit deine Seele das hervorbringen kann, was zu erschaffen ihr von Geburt an bestimmt war.

9. DER ZAUBER DES COHELLEN DRUITH

Vorsicht • Verschwiegenheit
Wachsamkeit

Die Meerjungfrauen singen:

Alle Menschen, die unter Meerjungfrauen gelebt oder vielleicht sogar eine von uns geliebt haben, wissen, dass es in Irland ein ganz besonderes Meeresvolk gibt: die Merrows. Weniger bekannt ist, dass diese Meerjungfrauen ein magisches Objekt besitzen, mit dessen Hilfe sie sich zwischen Land und Meer hin und her bewegen können. Das ist das *Cohellen Druith*: ein roter Umhang mit einer roten Kappe. Manche Männer, die den Merrows nachstellen, flüstern sich hinter vorgehaltener Hand zu, dass das in Wahrheit gar kein Umhang und auch keine Kappe ist: Der Umhang war ursprünglich der lange, scharlachrote Wasserfall ihrer Haare, und die rote Kappe war nichts anderes als ihr auf dem Kopf hochgestecktes Haar. Doch egal, welchen Ursprung das *Cohellen Druith* hat: Diese Kleidungsstücke gehören zu unserer Legende.

Mithilfe des roten Umhangs und der roten Kappe können die Merrows sich mit blitzschneller Leichtigkeit vom Meeres- in ein Landlebewesen verwandeln. Deshalb ist es für sie auch sehr wichtig, ihr *Cohellen Druith* sicher zu verwahren; denn ohne Umhang und Kappe können sie nicht wieder ins Meer zurückkehren.

Merrows in menschlicher Gestalt verlassen den Ozean nie für lange Zeit ... Sie singen den Wellen ihr Lied, und diejenigen, denen ihr Umhang und ihre Kappe gestohlen wurden, sitzen oft weinend an der Küste und fragen sich, warum sie sich hier einfach nicht zu Hause fühlen können: Der Verlust ihres *Cohellen Druith* hält sie an Land gefangen, und ihre Erinnerungen an Tir fo Thoinn, das Land unter den Meereswellen, lassen sie nicht los. Wenn eine Merrow beschließt, aus Liebe einen Menschenmann zu heiraten, schneidet sie sich manchmal ihr langes rotes Haar ab, färbt es und verbirgt ihr *Cohellen Druith* in einer geschützten Meereshöhle, wo niemand es finden kann. Wenn der Mann ihr das Herz bricht oder sie verrät, indem er ihr Umhang und Kappe entwendet, wird sie diese magischen Gegenstände wiederfinden und in die Tiefen des Meeres zurückkehren, um dort Heilung von ihrer Enttäuschung zu finden. Und sie wird ihre salzigen Tränen ins Salzwasser des Meeres fließen lassen. Manchmal ruhen sich die Merrows nachts am Strand unter dem Sternenhimmel aus, nachdem sie Seemänner aus ihren Seelenkäfigen befreit haben; oder sie schlafen auf einer Klippe, nachdem sie die kostbaren Lederschildkröten wieder in wärmere Gewässer zurückgeleitet haben. Und manchmal schneiden habgierige Männer ihnen dann die Haare ab oder stehlen ihnen ihr *Cohellen Druith.*

Das kommt leider gar nicht so selten vor, denn Merrow-Bräute sind sehr begehrt – nicht nur wegen ihrer Schönheit, ihrer Stimme und ihres mitfühlenden Wesens, sondern auch, weil man ihnen nachsagt, dass sie einem Mann große Schätze bringen: Gold, Perlen, Korallen und prall gefüllte Fischernetze sind demjenigen sicher, der eine Merrow für sich gewinnt. Doch wer ihr nachstellt und sie gegen ihren Willen gefangen nimmt, ohne sie zu lieben, wird niemals einen echten Nutzen davon haben. Und wer ihr *Cohellen Druith* entwendet, wird es nicht lange behalten. Manche Männer, die diese Jungfrau des Meeres raubten, verfingen sich dabei auf geheimnisvolle Weise in ihrem eigenen Seelenkäfig – und keine Merrow kann oder will die Hilferufe dieser Diebe hören.

Umgedreht:

Du willst dir nicht eingestehen oder auch nur erwägen, dass du deinen Mitmenschen mit deiner Kleidung und der Art, wie du dich gibst und bewegst, unmissverständliche Signale sendest. Du versuchst dich zu verstecken oder zu tarnen, statt dein wahres Wesen zum Ausdruck zu bringen. Aber dadurch zeigst du in Wirklichkeit nur deine Ängste und deine Unschlüssigkeit.

Man sieht die Merrows oft zusammen mit Haifischen: Sie besänftigen diese Tiere und versuchen sie davon abzubringen, in ihren Aktivitäten als Polizei des Meeres allzu wachsam zu sein. So sorgen sie dafür, dass die Haie ihre Autorität und ihre Fähigkeit, in den Ozeanen auf Patrouille zu gehen, auf gerechte Weise einsetzen. Trotzdem wissen die Merrows genau, wann man einem Hai lieber aus dem Weg gehen sollte!

Außerdem schwimmen sie auch gern zusammen mit Kegelrobben, spielen mit deren Jungen und bringen ihnen bei, auf Fischfang zu gehen und für sich selbst zu sorgen – und sie zeigen ihnen auch, vor welchen Fischern sie sich hüten müssen. Wenn diese Karte auf dem Kopf steht, ist es an der Zeit, dich zu fragen, ob du den Dingen, die dir Angst machen oder früher Angst gemacht haben, zu viel Macht eingeräumt hast.

Prophezeiung:

Nun ist es an der Zeit, ein Symbol des Menschen zu erschaffen, der du im Grunde deines Herzens bist – vielleicht möchtest du dir die Haare färben oder deine äußere Erscheinung auf irgendeine andere Weise verändern. Zum Beispiel abnehmen, deinen Körper durch gesundes körperliches Training in Form bringen, mit Gewichten trainieren oder schwimmen. Vielleicht hast du dich in letzter Zeit eher konservativ gegeben und gekleidet, weil du meintest, dass das besser zu deinem »Alter« oder deinem

»Beruf« passt – oder zu irgendwelchen anderen Konventionen, an die du dich halten zu müssen glaubst, weil man dir das so beigebracht hat.

Aber die Merrows und ihr *Cohellen Druith* sagen dir, dass dein Aussehen und dein Wohlbefinden, dein Körper und dein Stil deine eigene Sache sind ...

Und es ist nun auch an der Zeit, an die Delfine zu denken, denn die Merrows haben eine starke innere Verbindung zu diesen Tieren – auch zu Funghi, dem berühmten Delfin aus der Dingle-Bucht in Irland ...

Außerdem solltest du dir jetzt genauer überlegen, mit wem du Kontakt haben willst und mit wem nicht.

Die Merrows möchten, dass du deinen Mitmenschen durch deine Kleidung oder deinen Schmuck signalisierst, wer du bist, damit du deine Seelenfamilie leichter findest. Mit Symbolen (zu denen auch deine äußere Erscheinung und deine Kleidung gehören) kannst du das bewirken.

10. EHRE DAS MÄNNLICHE

Männer respektieren • Das männliche Göttliche annehmen

Die Meerjungfrauen singen:

Viele Männer dieser Welt sind verwirrt und beschämt, weil sie nicht genau wissen, wer sie eigentlich sein sollen. Wenn sie sich männlich geben – stark, dominant und durchsetzungsfähig –, laufen sie Gefahr, als herrschsüchtig und grausam zu gelten. Viele Männer haben auch das Gefühl, ihre Verletzlichkeit und ihr emotionales Ich hinter einer Fassade der Aktivität verbergen zu müssen – hinter einem Ich, das alles repariert und in Ordnung bringt und immer genau weiß, was getan werden muss, um die anderen zufriedenzustellen. Der Gedanke der Männlichkeit wurde von eurer Kultur vereinnahmt und korrumpiert, genau wie die Vorstellung von Weiblichkeit verletzt wurde – und es gibt viele verwundete Helden, verwundete Göttinnen und verletzte Seelen, die als Männer in eure Welt hineingeboren wurden. Das tut niemandem von euch gut – weder den Männern noch den Frauen, weder den Hetero- noch den Homo- noch den Bisexuellen. Ihr müsst euch die heiligen Aspekte des Männlichen zurückerobern – wieder eine gesunde, einzigartige Männlichkeit entwickeln und fördern. Eine Männlichkeit, die Ermutigung, Unterstützung und Gehör findet.

Es gibt so viele Klischeevorstellungen davon, wie ein Mann sich zu benehmen hat – und die Männer leiden darunter, in mancher Hinsicht vielleicht sogar mehr als die Frauen unter euch, weil sie dadurch so sehr von ihrem wahren Ich abgeschnitten sind.

Umgedreht:

Du folgst einem strengen Männlichkeits-Verhaltenskode, kannst die Formen, in denen »Mannsein« sich ausdrückt, nicht in Frage stellen. Du möchtest nicht von deiner Sichtweise abrücken und durch Experimente ergründen, wie du dein männliches Ich zum Ausdruck bringen kannst. Oder du beurteilst Männer anhand von Klischees und hast starre, unflexible Vorstellungen davon, wie ein Mann sich verhalten und ausdrücken sollte und was er zu leisten hat. Du erziehst Jungen zu »Männern« und lässt sie doch nicht sie selbst sein. Es ist an der Zeit, dass du dich mit dem Geschlechterkonzept beschäftigst, und zwar im Rahmen einer engen Beziehung. Denn deine Vorstellung von Männern, deine Erfahrungen mit Männern wurden eher auf ungesunde Art und Weise geprägt.

Es ist Zeit, dass du aufhörst, den Männern die »Schuld« daran zu geben, und sie stattdessen ermutigst, wieder die heiligen Geschöpfe zu werden, zu denen sie von Geburt an bestimmt sind. Männer sind mit einem enormen Potenzial auf die Welt gekommen – die Gestalt, die sie angenommen haben, entspricht nicht dem Wesen ihrer Seele.

Du musst dich nicht mit missbräuchlichen Verhaltensmustern abfinden oder auseinandersetzen – aber es ist wichtig, dir darüber im Klaren zu sein, dass jemand nur eine bestimmte Klischeevorstellung ausagiert und ganz und gar nicht das wahre Wesen seiner Seele, das in seiner Männlichkeit zum Ausdruck kommen sollte.

Ablehnung Gottes und der Möglichkeit, dass die männliche Kraft einen Wert haben könnte.

Prophezeiung:

Wenn diese Karte zu dir spricht und du ein Mann bist, ist es an der Zeit, den Ausdruck deiner Männlichkeit zu verstehen, zu bejahen und ihm gerecht zu werden. Denk einmal an deine Kindheit und Jugend zurück, an jene Zeit, bevor deine Familie, deine Schulausbildung und deine Beziehungen dir vorschrieben, wer du zu sein hast und was es bedeutet, ein Mann zu sein.

Wer bist du? Erwäge ruhig einmal die Möglichkeit, dass du deine Männlichkeit als eine Art Schutzschild aufgebaut hast. Vielleicht hat manches, was man dir beibrachte, ein Gefühl der Traurigkeit und Scham in dir hervorgerufen oder dich bisher womöglich sogar daran gehindert, eine hundertprozentige, authentische Erfahrung des Mannseins zu erleben. Männer sind sensibel. Männer sind heilig. Männer sind Götter.

Und die mächtigen Erkenntnisse des Meeresvolks können dich lehren, der Frage, wie dein Geschlecht in diesem Leben dein Schicksal geprägt hat, auf den Grund zu gehen.

Die Meeresmenschen empfehlen dir, deiner Männlichkeit eine neue Form zu verleihen, in der dein wahres Wesen zum Ausdruck kommt – und nicht einfach nur der Mensch zu sein, zu dem deine Erziehung dich gemacht hat.

11. OPFER

Es gibt Opfer, die zu bringen sich lohnt, und Opfer, die dich zerstören werden

Die Meerjungfrauen singen:

Wir wissen, dass die Geschöpfe im Element der Luft sich oft zwischen den Dingen entscheiden müssen, die sie *jetzt gleich* haben möchten, und denen, auf die sie vielleicht lieber noch ein bisschen warten sollten ... In eurer Sprache bezeichnet man das manchmal als »Opfer«. Wir haben von den Geschichten gehört, die ihr euch darüber erzählt ... Auch die Gottheiten des Landes und des Himmels kennen diese Geschichten ... In der Welt der Ozeane mussten ebenfalls große Opfer gebracht werden. Manche Wale sind absichtlich gestrandet, um ihrer Gemeinschaft – ihren Ahnen – als Nahrung zu dienen. Diese Tiere sind nämlich schon etwas höher entwickelt und wissen, dass ein einzelnes Leben manchmal nicht so wichtig ist wie die Evolution der Seele. In eurer Welt gibt es eine Sage von jener großen Gottheit der männlichen Kraft,

Odin, dem Gottvater eurer nordischen Völker: wie er aus dem Brunnen der Weisheit trank – Wasser, der Weisheitsbringer – und sich dann für neun Nächte an die Esche Yggdrasil hängte. Als Odin anschließend wieder in die Welt zurückkehrte, besaß er nur noch ein Auge; aber er hatte Wissen gewonnen. Und von den Seeleuten haben wir gehört, dass er sein Opfer nicht bereute – er wusste, dass er auf etwas verzichten musste, um diese Weisheit zu erwerben. Ihr habt auch von der Göttin Sedna jener Völker hoch oben im Norden Amerikas – der Inuit – gehört. Der Vater dieser Göttin schnitt ihr die Finger ab, damit sie sich nicht mehr an sein Boot klammern konnte. Manche bezeichnen auch das als Opfer ... Aber es war nicht ihre freie Entscheidung ...

Deshalb fragen wir uns, warum ihr euch manchmal etwas stehlen lässt und das dann Opfer nennt. In der Geschichte *Die kleine Meerjungfrau,* die ihr euch über uns erzählt, beschloss die Titelheldin, auf ihre Stimme und ihre Gabe des Schwimmenkönnens zu verzichten, und litt beim Gehen sogar große Schmerzen – und das alles nur, um die Liebe eines Menschenmannes zu gewinnen. Das ist ein Opfer – aber sie hat etwas Heiliges dafür aufgegeben, nämlich sich selbst, und am Ende war sie weder Meerjungfrau noch Menschenfrau, wurde nicht geliebt und hatte außerdem auch noch ihre ganze Verwandtschaft verloren ...

Sie blieb allein und lebte als Meeresschaum weiter. Wenn du also ein Opfer bringen möchtest, frage dich vorher: Wozu dient dieses Opfer? Hat es einen heiligen Zweck? Erwartest du von jemandem eine Gegenleistung dafür? Oder willst du damit wirklich ein Ergebnis erreichen, das besser und wichtiger ist als der damit einhergehende Verlust?

Sei klug in der Wahl deiner Opfer. Triff eine Entscheidung, und dann bring das Opfer. Alles andere ist nichts weiter als Manipulation und Diebstahl.

Umgedreht:

Du weigerst dich, Prioritäten zu setzen. Im Grunde genommen ist ein Opfer nämlich nichts anderes als das: zu überlegen, was dir wichtiger ist und was sich kurzfristig »aufzugeben« lohnt, um dafür einen langfristigen Nutzen zu gewinnen. Oder du hast geglaubt, alles auf einmal haben zu können, und fragst dich jetzt, warum dieses leere Versprechen sich nicht erfüllt hat.

Du kannst Magie und Wunder bewirken, einen Durchbruch erzielen, umlernen und Unglaubliches schaffen – du kannst dein Leben total verändern und dir deine Träume erfüllen –, aber du kannst nicht alle Träume gleichzeitig wahr werden lassen. Zumindest nicht außerhalb der Welt der Fantasie, und selbst in dieser Fantasiewelt, diesem Hexenkessel der Kreativität, muss man Entscheidungen treffen. Wenn diese Karte auf dem Kopf steht, versuchst du also vielleicht, an allem gleichzeitig festzuhalten, und willst dich nicht entscheiden, auch wenn du das eigentlich tun müsstest, um Raum, Zeit und Energie zu gewinnen, damit etwas geschaffen – und zwar *gut* geschaffen – werden kann.

Schaffe Ordnung. Lass dich in deinem Handeln nicht von dem Wunsch leiten, von anderen für »gut« gehalten zu werden. Vielleicht stehen diese anderen Menschen dir völlig gleichgültig gegenüber, und es könnte ein anderes Ergebnis dabei herauskommen, als du dir vorstellst. Entscheide von Augenblick zu Augenblick, wer du bist, und sei dir deines Wertes klar bewusst. Bringe die Opfer, die notwendig sind, um dein Leben so zu gestalten, dass es nicht nur deinen Wünschen entspricht, sondern gleichzeitig auch gut, schön und friedlich ist – ein Leben, aus dem du etwas lernen kannst und das dich inspiriert! Das wird nicht immer leicht sein. Aber es lohnt sich.

Prophezeiung:

Vielleicht denkst du zurzeit nicht daran, etwas zu tun, was dir Unannehmlichkeiten bereitet, oder auf etwas für dich Wertvolles zu verzichten, um zu zeigen, wie wichtig eine dritte Option dir ist. Denke daran, dass du dich *freiwillig* für dieses Opfer entscheiden solltest und dass es dadurch zu etwas Heiligem wird. Auch das Ziel, nach dem du strebst, wird dadurch heiliger. Bringe kluge Opfer – und überlege dir vorher, ob ein Opfer überhaupt der beste Weg ist. Manchmal bringen Menschen vermeintliche Opfer, weil sie glauben, dass die anderen dann ein bestimmtes

Bild von ihnen haben werden. Dadurch werden sie vielleicht zu Märtyrern, die nur von dem Wunsch beseelt sind, für gut gehalten zu werden. Diesen Gedanken solltest du aus deinem Kopf verbannen.

Überlege dir, was du wirklich willst. Und wenn du dann deine Entscheidung triffst und das Opfer freiwillig bringst, ist es tatsächlich ein heiliger Akt. Der ganze Vorgang ist dadurch zu etwas Göttlichem geworden, und deine Belohnung ist der Raum und die Chance, die du dadurch geschaffen hast. In diesen Raum kann nun das größere Wohl fließen, das der Allgemeinheit dient.

Dann wirst du gesegnet sein, weil du die Welt mit deinem Opfer gesegnet hast.

12. DAS GESCHENK

Geschenk, Schatz • Offenbarung des eigenen Wertes • Leben im Jetzt

Die Meerjungfrauen singen:

In den warmen subtropischen Gewässern der australischen Moreton Bay hat eine Gruppe von Meeresbiologen vor kurzem über faszinierende Kontakte zwischen Delfinen und Menschen berichtet. Die Delfine in dieser wunderschönen Bucht bringen den Biologen nun schon seit über zehn Jahren Geschenke dar; und die Wissenschaftler füttern sie dafür im Rahmen eines streng reglementierten Programms. Die Delfine haben den Biologen Aale und andere Fische, Muscheln und »Schätze« aus dem Meer gebracht und sich geweigert, diese Gaben wieder zurückzunehmen: ein schöner, bewegender Augenblick wechselseitigen Gebens und Nehmens zwischen zwei Lebensformen – eine reine Kommunikation des Miteinanderteilens und Energieaustauschs. Wenn dir diese Karte begegnet, will sie dir zeigen, welcher energetische Austausch zurzeit in *deinem* Leben stattfindet.

Umgedreht:

Wenn diese Karte auf dem Kopf steht, will sie dir sagen, dass du sehr vorsichtig damit sein sollst, ein vermeintliches Geschenk anzunehmen. Manche Geschenke werden nicht mit dem Gedanken eines fairen, ebenbürtigen Austauschs hergegeben, sondern mit dem Hintergedanken, dich an einen anderen Menschen zu ketten, obwohl du in Wahrheit frei und von dieser anderen Person getrennt sein möchtest. Beispiele dafür sind »Geschenke« von Leuten, die damit erreichen wollen, dass du gut über sie denkst und sie in der Öffentlichkeit lobst, oder die das Gefühl haben, sich mit ihrer Gabe einen Weg in deine Welt erkaufen oder eine Gegenleistung von dir bekommen zu können. Hüte dich vor einem Fremden, der dich mit Geschenken überhäuft und dessen geheime Absicht dir im Lauf der Zeit schon noch klarwerden wird. Es findet stets ein Austausch statt – und man muss nicht immer alles annehmen. Du kannst diese Geschenke jederzeit mit Anstand und Freundlichkeit zurückweisen – vor allem, wenn es in Wahrheit gar keine Geschenke sind, sondern eine Bestechung, bei der du hinterher vielleicht das Gefühl haben wirst, einen Handel eingegangen zu sein und immer noch in der Schuld des Gebers zu stehen ...

Er wird diese Schuld ganz bestimmt eines Tages einfordern. Und das wird dir nicht willkommen sein. Die Meerjungfrauen raten dir: Bleibe frei.

Prophezeiung:

Du wirst jemandem ein Geschenk machen oder eines erhalten. Aber es gibt keine echten Geschenke ohne wechselseitiges Geben und Nehmen – ohne dass ein Energieaustausch stattfindet und die Verbindung zwischen dir und der anderen Person enger und tiefer wird. Dieser Austausch von Gaben kann auch darin bestehen, dass zwei Menschen einander Zeit und Energie schenken, dem gängigen System bezahlter Arbeit den Rücken kehren und einen flexibleren, liebevolleren Austausch miteinander pflegen. Freunde werden dir anbieten, etwas für dich zu tun; und ehe du dich ihnen deshalb verpflichtet fühlst oder zögerst, das Angebot anzunehmen, weil du ihnen nicht zur Last fallen möchtest, denke daran: Die Freude eines Geschenks liegt im Geben; und nur jemand, zu dem du eine echte Verbindung hast, kann dir wirklich etwas schenken. Wenn diese Karte aufrecht steht, kommt das Geschenk aus einer reinen, guten Quelle, als ein Akt der Freude und in bester Absicht. Es wird euch einander näherbringen und eure Beziehung durch noch mehr Vertrautheit und Vertrauen bereichern. Obwohl diese Gabe ein bloßer Akt der Großzügigkeit zu sein scheint, wird ein wunderschönes Gefühl der Partnerschaft daraus erwachsen. Und dieser Austausch wird nie wieder enden ... Es ist ein inneres Band, das die Zeit überdauert, und solange es Liebe, Wärme und Vertrauen zwischen euch gibt, wird diese Energie immer weiter wachsen und Wellen schlagen, die sich positiv auf die ganze Welt auswirken.

13. DIE RÜCKKEHR DER APHRODITE

Tempel, Geburt der Göttin, Führung • Energie der Göttin Etwas heilig halten

Die Meerjungfrauen singen:

Sie ist zurückgekehrt ... und durchdringt unser aller Leben mit ihrer Lieblichkeit und Schönheit ... So lautet die homerische Hymne an Aphrodite, eine uralte Rhapsodie, die über die Begegnungen mit dieser aus dem Meer geborenen Göttin berichtet. Aphrodite ist mit allen Meeresmenschen befreundet – und kann auch deine Freundin sein, wenn du dir das wünschst. Die Geschichte der Aphrodite ist faszinierend, und wenn du diese Karte empfängst, wirst du ebenfalls zu einem Teil dieser faszinierenden Sage ... Vielleicht hast du schon immer an deiner Anziehungskraft gezweifelt; doch wenn dir diese Karte begegnet, ist es so, wie wenn du aus dem Schoß des Meeres neu geboren wirst und Aphrodites Dienerinnen, die drei Grazien, dich begrüßen kommen. Sie schmücken dich mit Edelsteinen und Küssen, verwöhnen dich nach Strich und Faden, und du beginnst endlich an die Macht deiner eigenen Anmut zu glauben, an deine magischen Kräfte, das Verführerische an dir, deine magnetische Anziehungskraft. Aphrodite wurde aus dem Meer geboren – aus dem Schoß deiner Ozeanmutter, genau wie du –, und wenn sie zu dir kommt, erinnert sie dich daran, dass man auch ein sexuelles Wesen sein kann, ohne in einer Partnerschaft oder Ehe zu leben ... Aphrodite kehrt zu dir zurück, um dich an die Schönheit und Anmut von Freude und fröhlichem Lachen zu erinnern. Sie will dir zeigen, dass alles, was vor dir liegt, wunderbar und vollkommen ist – und zwar genau so, wie es ist. Denn auch Aphrodite hat sich stets an der Vielfalt der Lebewesen auf diesem Planeten erfreut und sie alle dazu ermutigt, sich zu lieben und fortzupflanzen, zu singen und mit dem Leben um die Wette zu rennen. Die Aphrodite-Karte ist ein Zeichen der Rückkehr zu sexueller Gesundheit, zu wundervoller, gesunder Selbstliebe und Selbstachtung – und ein Zeichen für den Wunsch, eine Zeit lang von der »Ehe« oder von konventionellen Beziehungen frei zu sein. Dir steht eine Zeit der Entdeckerfreude, Sinnlichkeit und Freiheit bevor – ohne Angst vor Strafe.

Umgedreht:

Du hast den unrealistischen Wunsch, das einzige Objekt der Liebe oder die einzige Attraktion im Leben eines anderen Menschen zu sein. Du bist eifersüchtig und unfähig, etwas mit anderen zu teilen, weil du das Gefühl hast, dadurch an Respekt und Autorität zu verlieren. Vielleicht missbilligt dein Umfeld deine Entscheidungen als sexuelles Wesen – deine Mitmenschen wollen dir vorschreiben, wen, was oder wann du lieben sollst, wie du eine Beziehung zu führen hast und so weiter. Doch du betrittst jetzt Neuland und tauschst Konformismus gegen Entscheidungsfreiheit ein. Vielleicht wirst du dich eines Tages zu einer Ehe oder Handfasting-Zeremonie, zu einer Beziehung, Partnerschaft oder Liebelei entschließen; doch vorläufig weigerst du dich, deine Liebesentscheidungen in solche Schubladen einzuordnen, denn du befindest dich noch auf einer Entdeckungsreise. Das wird dir manchmal großes Misstrauen eintragen, aber denke daran: Viele Jahrtausende lang brauchten wir niemandem »treu« zu sein, wenn wir es nicht wollten. Auch du brauchst nicht zu heiraten, dich anzupassen oder zu gehorchen, wenn du das nicht möchtest! Du bist ein Geschöpf voll duftiger Anmut, und genau wie du selbst dich veränderst, werden auch deine Beziehungen es tun. Rufe die Göttin Aphrodite um Beistand an ... Normalerweise wird sie dir ihre sanften weißen Hände immer hilfsbereit entgegenstrecken.

Prophezeiung:

Wenn Aphrodite dem Meer entsteigt und zu dir kommt, will sie dich an dein wahres, wundervolles Wesen erinnern, an die Macht des sinnlichen Begehrens und die Heiligkeit von Glück, Freude und fröhlichem Lachen.

Du wirst Freundinnen haben, die dich ermuntern, frei zu bleiben und selbst herauszufinden, was du willst. Freundinnen, die dich loben und unterstützen ...

Es ist eine Zeit der Wiedergeburt deines sinnlichen Ichs und deines Seins als Frau. Deine Yoni, dein Körper, deine Brüste und Hüften, all das wird jetzt freudig begrüßt und gefordert, liebevoll zurückgefordert.

Du siehst, dass du in Schönheit und Anmut durch die Welt wandelst; dass viele dich schon von ferne kommen sahen und begehrt haben. Darin liegt keine Sünde. Auch Aphrodite liebte die Schönheit und verstand es, sie mit anderen Frauen zu teilen. So lieh sie Hera beispielsweise ihren Zaubergürtel, damit diese ihren treulosen Göttergatten Zeus wieder für sich gewinnen konnte, oder teilte Adonis für die Hälfte des Jahres mit der unwiderstehlichen jungen Persephone ... Aphrodite ist anders. Sie hat nicht das Bedürfnis, zu besitzen und festzuhalten. Sie will Erfahrungen machen, lieben und sich immer und immer wieder von der ganzen Schönheit erfüllen lassen, die diese Welt zu bieten hat. Aber sie sehnt sich niemals nach Besitz.

Alles ist golden; alle sind eine magische Zeit lang verliebt, denn die Göttin ist zurückgekehrt.

14. WASSERFLUG

Gewicht lässt nach • Bürde wird abgelegt • Schwerelosigkeit

Die Meerjungfrauen singen:

Wenn eines von uns Meeresgeschöpfen an der Küste liegt, weil Sonargeräte und andere Dummheiten der Menschen uns dort hingelockt haben, und wir stundenlang nicht ins Wasser zurückkehren können, weil es zu flach ist, sterben wir nicht so sehr an der Trockenheit der Luft, sondern am Gewicht dieser Welt. In unserem wässrigen Reich sind wir nämlich schwerelos – wir wiegen weniger, das Wasser trägt uns, hält uns in der Schwebe ... Das Element der Luft dagegen ist uns keine Stütze; es lässt uns fallen. In diesem Element werden wir schwerer, und das Gewicht unseres eigenen Körpers und Blutes, unserer Organe und Knochen erdrückt uns allmählich.

Auch wenn ihr Menschen zu viel in der Welt der Luft lebt, ohne die schwebende Schwerelosigkeit und den Auftrieb des Wassers, kann euch das mit der Zeit so sehr erdrücken, dass ihr irgendwann kaum noch atmen könnt. Selbst in geistiger Hinsicht bewegt ihr euch zu häufig im luftigen Element. Ihr lasst euch von euren Gedanken beherrschen und vernachlässigt die Welt der Gefühle, die euch tragen, stützen und aufrichten kann.

Dieses Reich der emotionalen Fantasie erlaubt euch Dinge, die euer Kopf als unmöglich hinstellt: Es verleiht euch Flügel, lässt euch Geschichten erfinden und euch die ganze Tiefe und alle Möglichkeiten eures Lebens erspüren und bestaunen.

Das Element der Luft dagegen drückt den Träumen des Wassers nur allzu oft das Leben ab.

Umgedreht:

Du weigerst dich, mit der Welt des Wassers in Kontakt zu treten. Du bleibst lieber »trocken« und in Sicherheit – und musst dafür leiden. Du fühlst dich im Gewicht deines eigenen Körpers gefangen, empfindest dich und deine Körperlichkeit nicht als Einheit – dein Körper fühlt sich im Grunde fast wie ein Gefängnis an.

Wenn diese Karte auf dem Kopf steht, kann sie aber auch genau das Gegenteil bedeuten: Vielleicht spielen Gefühle in deinem Leben eine zu große Rolle, und es fehlt das luftige Element ... Die Schwerelosigkeit ist zu deiner einzigen Lebensform geworden, und du musst jetzt begreifen, welche Kraft es dir verleiht, zu denken und deinen Verstand zu üben. Du musst Gleichgewicht und Leichtigkeit in deinen Körper hineinbringen – und das kannst du erreichen, indem du dich im wässrigen Element bewegst, mit deinen Emotionen Zwiesprache hältst und alles zum Ausdruck bringst, was dich bewegt. Lass das ruhig geschehen; dadurch kannst du vielleicht alles befreien, was momentan festgefahren und unbeweglich erscheint. Diese Freiheit der Leichtigkeit hast du dir verdient.

Auch du kannst die erleichternde Schwerelosigkeit der Wasserwelt erleben, so wie die Meermenschen und Meerestiere, aus denen du vielleicht entstanden bist.

Kehre zurück und erlebe das befreiende Gefühl eines Lebensraums, der dich stützt und trägt.

Prophezeiung:

Nimm dir endlich die Freiheit zu fühlen – und diese Gefühle auch auszudrücken. Dadurch wird ein Teil des Gewichts von dir genommen, das bisher vielleicht auf dir lastete. Womöglich hat sich dieses Gefühl tatsächlich in einer Gewichtszunahme manifestiert und verkörperlicht, in eingeschränkter Beweglichkeit und einem Gefühl der Schwerfälligkeit. Du kannst dieses erneute Eintauchen in deine Gefühlswelt auch fördern, indem du ab und zu Tränen vergießt, mit deinem eigenen inneren Meer und – falls du eine Frau bist – mit dem Mutterschoß in Verbindung trittst. Wenn du ein Mann bist, solltest du das Anderssein der Frau und deine eigene Emotionalität als Mann erkennen und zu würdigen wissen.

Verbringe einfach möglichst viel Zeit an und vor allem in natürlichen Gewässern, die so groß sind, dass du darin schwimmen kannst – die Befreiung von der Welt der Form, in der wir an Land gefangen sind, wird deine Sorgen und deine Traurigkeit lindern und dich von dem Gefühl befreien, dass dir alles »zu viel« ist.

Die Freiheit des Wassers kann dein werden – in emotionaler ebenso wie körperlicher Hinsicht –, und deiner Seele werden unter Wasser Flügel wachsen!

15. HELLSEHERISCHE KRÄFTE

Prophezeiung • Schicksal, Bestimmung • Künftiges Glück

Die Meerjungfrauen singen:

Umgeben vom Spiegel des Meeres – der lebendigen Reflexion von Vergangenheit, Gegenwart und Zukunft –, gehören Meerjungfrauen zu den hellsichtigsten Geschöpfen, die es gibt. Wie die Experimente von Dr. Masaru Emoto zeigen, enthält und transportiert Wasser die Schwingung von allem Vergangenen – und kann auch alles beinhalten, was sich in Zukunft ereignen wird. Wasser besitzt heilende Kräfte und lässt uns ahnen, dass wir auf unserer Reise durch verschiedene Inkarnationen irgendwann an einen besseren Ort gelangen werden ... Das Wasser zeigt uns niemals den Ausgang einer Geschichte, sondern immer nur die verschiedenen Möglichkeiten, die in unseren Entscheidungen, unserem Schicksal und unserer Bestimmung liegen. An manchen Orten enthält das Wasser sogar bereits die Schwingungsmöglichkeiten der Zukunft – und wir

Meerjungfrauen besitzen die Gabe, diese Schwingungen zu lesen und auch unsere Töchter in der Kunst des Sehens, Weissagens und der Ozeanomantik zu unterweisen. Diese Fähigkeit halten wir schon seit Jahrtausenden geheim, denn wir werden von den Menschen wegen unserer Schönheit und sexuellen Attraktivität schon genügend begehrt, ausgebeutet und in vielerlei Hinsicht in unsere Schranken verwiesen. Wenn eine große Zahl Menschen von unserer hellseherischen Begabung erführe, könnten dann wirklich alle der Verlockung widerstehen, eine von uns Meerjungfrauen gefangen zu halten und sich von ihr die Zukunft weissagen zu lassen oder sie nach Ratschlägen für sein Handeln und die Überwindung seiner Feinde zu fragen?

Umgedreht:

Die Zeichen strecken sich dir förmlich entgegen. Wenn du deine Gedanken frei umherschweifen lässt; wenn du auf das Wasser schaust, in dem sich die untergehende Sonne spiegelt; wenn die Schönheit der Natur dir den Atem nimmt und eine leise Stimme aus dem Herzen des Waldes zu dir spricht; wenn du den Fernseher ausschaltest und wieder mit der Welt der Natur in Kontakt trittst – dann werden diese Zeichen sanft und behutsam in deine Gedanken hineinfallen. Aber wenn du diese Worte analysierst, wirst du behaupten, dass sie keinen Sinn ergeben. Du fürchtest, töricht zu sein, und machst dir Sorgen, die Zeichen nicht richtig deuten zu können. Vor lauter Angst, etwas zu tun, was du für einen Fehler hältst, enthältst du dir die Stimme des Ozeans, den Ruf der Tiefe und dein innerstes Wissen vor. Und doch konnte dich das nicht davon abhalten, immer weiter zu suchen und Fragen zu stellen. Halte nun einmal für einen Augenblick inne. Lass das Wasser deine Füße umspielen. Schließe die Augen der Welt – und bring diese Stimme in deinem Kopf zum Schweigen, die immer alles besser weiß. Lasse die Zeichen zu dir kommen, eins nach dem anderen, und tritt in die Traumwelt der Prophezeiung ein. Werde endlich zu dem Orakel, das du in Wahrheit schon lange bist. Die Antworten, nach denen du suchst, liegen in dir. Komm zur Ruhe und öffne dich für die Stimme der Mutter.

Prophezeiung:

Wir Meerjungfrauen sind mit dieser Karte zu dir gekommen und sagen dir, dass auch du die Gabe besitzt, alle Möglichkeiten zu sehen, das Schicksal zu erkennen und zu ergründen ... Da du auch ein Meeresgeschöpf bist und dem Schoß der großen Ozeanmutter entstammst, hast du die Gabe, in viele Richtungen gleichzeitig sehen zu können ... Es ist, als könntest du aufs Wasser schauen und die Wellen möglicher künftiger Ereignisse sehen. Meerjungfrauen sind Orakel, Prophetinnen des Meeres; und auch du besitzt die Fähigkeit, mit dem Göttlichen in Kontakt zu treten. Diese Gabe kann aktiviert werden, wenn du dich mit der Weisheit des Meeres befasst.

Alles, was du tust, muss von Disziplin erfüllt sein und ein Ziel haben; die Unterweisung durch die Meerjungfrauen wird kommen, und zwar in Form von Träumen und Visionen. Dir werden Zeichen, Omen und Symbole offenbart werden. Du wirst träumen; und auch wenn diese Träume dir vielleicht rätselhaft vorkommen oder deine Visionen nichts mit dem jetzigen Geschehen zu tun zu haben scheinen, fordern das Universum und der Ozean des Bewusstseins und der Möglichkeiten dich trotzdem dazu auf, zu lauschen, die Zeichen zu hören und sie auch zu deuten ...

Werde dir dieser Zeichen bewusst – und höre, was sie dir am Küstenstreifen deines Bewusstseins zuflüstern.

Lerne ein Orakel wie dieses hier zu lesen und arbeite regelmäßig mit Kartenbildern, um dich in Konzentration und Disziplin zu üben. Lege die Karten für deine Freunde aus. Du besitzt eine besondere Gabe.

Nun ist es an der Zeit, sie zu schulen und mit Schönheit und Verantwortungsbewusstsein auszuüben.

16. SPIEGELUNGEN

Alles, worüber du nachdenkst, kann Wirklichkeit werden

Die Meerjungfrauen singen:

Es ist an der Zeit, alles um dich herum zu beobachten, genau anzuschauen und eine Zeit lang darüber nachzudenken. Das bedeutet nicht, dass du dir deshalb Sorgen machen oder dich darüber aufregen sollst, dass du es in stummer Hektik in deinem Kopf hin und her drehen und wenden musst, um herauszufinden, was als Nächstes zu tun ist. Aber du solltest schon nachdenken, deine halbfertigen Gedankenfäden zusammensuchen und einige davon bis zu Ende verfolgen, um deine jetzige Situation besser zu verstehen. Du hast nämlich eine Zeit lang dazu geneigt, auf alle Geschehnisse immer nur zu reagieren. Dadurch sind zwar auch Handlungen, Bewegungen und Wellen entstanden, aber kein tiefes Verständnis, aus dem noch tieferer Frieden entspringt. Wir, die Meerjungfrauen, bitten dich nun, nachzudenken – innerlich ganz still zu werden und wirklich und wahrhaftig zu erkennen, was vor dir liegt. Spiegelung bedeutet auch, dich selbst besser zu verstehen – denn es gibt keine Betrachtung der Außenwelt, die ihr Echo nicht in unserem eigenen Inneren hat. Also schau dir jetzt alles genau an und fühle, welche Kraft in dieser Phase der Kontemplation liegt.

Du hast alle Zeit der Welt; dich in Betrachtungen zu verlieren, intensiv nachzudenken und in dich hineinzuhören, hat nichts mit Faulheit zu tun. Es ist weise, innerlich ausgeglichen zu sein, wenn du über die großen Fragen in deinem Leben nachdenkst. Dabei werden viele Emotionen in dir aufsteigen; also nimm dir vor, mehr Verständnis und einen tieferen inneren Frieden zu erlangen.

All deine Handlungen sollen aus deinen wahren Wertvorstellungen erwachsen. Viel zu oft hast du in letzter Zeit einfach nur reagiert, statt zu agieren – du hast dich gegen etwas gewendet, und auch wenn dir das richtig und gerechtfertigt vorkam, hat es doch nicht zu den gewünschten Ergebnissen geführt.

Jetzt ist es an der Zeit, nachzudenken – und in dieser Phase der Spiegelung wirst du erkennen, welchen Schritt du als Nächstes unternehmen sollst. Komm zur Ruhe, sitze einfach eine Zeit lang still da. Betrachte eine Blume, den Sonnenuntergang, das Licht, das sich im Meer spiegelt. Spüre den tiefen Frieden in dir.

Dann wird das Wissen bald in dir aufsteigen.

Umgedreht:

Aus einer gewissen Verzweiflung heraus zu handeln, kann manchmal durchaus zu heroischen Resultaten führen und die gewünschte Wirkung haben – doch in diesem Fall raten die Meerjungfrauen, lieber erst einmal einen Schritt zurückzutreten und dir klarzumachen, dass du alles, was vor dir liegt, mit neuen Augen betrachten musst. Lass Frieden in dein Inneres einkehren, dann wirst du besser verstehen, was um dich herum vorgeht. Jetzt ist eine Zeit philosophischen Denkens angebrochen, in der du deine Energie durch Stille und Kontemplation veränderst ... Es ist an der Zeit, mit der Welt um dich herum eins zu werden, deinen Platz in der Welt neu zu erspüren und zu innerer Weisheit zu gelangen. Dein momentaner Drang zum Handeln entspringt dem Gefühl, kostbare Zeit oder eine wertvolle Chance zu versäumen, wenn du jetzt nichts tust – oder dass die Welt dich dann für gleichgültig und gefühllos halten könnte. Aber dich für innere Einkehr zu entscheiden, hat nichts mit Gleichgültigkeit, Gefühllosigkeit oder Unfreundlichkeit zu tun – denn zurzeit werden dir zwar viele Dinge offenbart, aber es gibt auch vieles, was du noch nicht selbst erfahren oder worüber du noch nicht gründlich genug nachgedacht hast.

Die Meerjungfrauen bitten dich: Versenke dich tief in dein eigenes Inneres, dein eigenes Bewusstsein. Denke nach, versuch die Dinge zu verstehen und in gewisser Weise auch eins damit zu werden – statt dich als getrennt von deiner Umgebung zu betrachten, Urteile zu fällen und danach zu handeln. Etwas zu tun, ist in vielerlei Hinsicht edel und richtig. Viele Menschen halten das für »besser«, als untätig zu bleiben. Doch in der jetzigen Situation liegt das beste Handeln vielleicht gerade darin, erst einmal ein tieferes Wissen und Verständnis zu erlangen, ehe du über deinen nächsten Schritt entscheidest, weil dieser sonst voreilig, unklug und kontraproduktiv sein könnte. Außerdem besteht zurzeit die Gefahr, dass jemand dich in deinen Gefühlen manipuliert; auch das kann dich zu vorschnellem Handeln verleiten.

Lass dir das einmal in Ruhe durch den Kopf gehen – und alles andere auch.

Denke nach. Versuche mit allem, was dich umgibt, eins zu werden. Sieh – und dann entscheide mithilfe dieser neugewonnenen Erkenntnis, welche Vorgehensweise die beste ist.

Prophezeiung:

Entscheide dich diesmal lieber gegen jede Aktivität. Tue einfach gar nichts, schau in dich hinein und beobachte – so lange, bis du das Gefühl hast, eine tiefere Einsicht gewonnen zu haben. Denke darüber nach, wie du in diese Situation gekommen bist und warum du vor der jetzigen Entscheidung stehst. Überlege dir, wie die Situation sich deiner Meinung nach weiterentwickeln sollte. Wie soll die Zukunft aussehen? Denke nach, denke nach, denke nach – und tue vorläufig gar nichts. Versuche erst einmal, dich selbst zu verstehen, statt das Verhalten anderer Menschen zu beurteilen. Verzichte eine Zeit lang auf hektischen Aktivismus. Vielleicht spürst du einen panischen inneren Drang, jetzt etwas tun zu müssen, bevor es zu spät ist –, doch zurzeit ist es am besten, stillzuhalten und gar nichts zu unternehmen.

Vielleicht drängen deine Mitmenschen dich zum Handeln – und vielleicht hast du auch das Gefühl, in diese Situation getrieben worden zu sein und keine andere Wahl zu haben; du glaubst, von der wogenden Strömung, der Flut der Meinung anderer Menschen mitgerissen zu werden. Nimm dir trotzdem Zeit zum Nachdenken. Versuche die Situation zu verstehen. Tag für Tag.

Anders geht es nicht; denn ohne Nachdenken werden wir zu bloßen Automaten, die einfach nur mechanisch reagieren, statt wohlüberlegte, weise Schritte zu unternehmen. Für dich ist jetzt die Zeit gekommen, weise und besonnen zu handeln.

17. ABSCHIEDS-GRUSS AN DEN MOND

Würdige das Mondlicht, erfreue dich an den Zyklen

Die Meerjungfrauen singen:

Wir lieben den Mond ... Er ist kostbar, und wir sind dankbar für seine Energie. Dennoch entbieten wir ihm jetzt einen langen Abschiedsgruß. Menschen sind keine so langlebigen Geschöpfe, und oft spiegelt sich in ihren Prioritäten die Lebensspanne wider, die noch vor ihnen liegt. Aber wir wissen, dass der schöne Mond sich nun allmählich immer weiter von uns entfernt – und die Macht der Sonne immer größer wird. Also treten wir so intensiv wie möglich mit dem Mond in Kontakt, solange er noch da ist. Wenn auch du den Himmel und seine Kristallkugel beobachtest, wirst du spüren, wie die Gezeiten und Zyklen unserer Ozeanmutter mit dem ab- und zunehmenden heiligen Mond tanzen. Wie alles in unserem Universum im Gleichklang miteinander atmet. Und dass alles, was oben ist, mit dem Unten in Verbindung steht. Alles beeinflusst sich gegenseitig. Auch ihr Menschen reagiert auf die Gezeiten des Mondes, der Sonne und der Milchstraße. Vielleicht reagiert der große Ozean schneller und stärker darauf; doch auch ein solider Himmelskörper wie die Erde atmet ein und aus, genau wie die Gewässer dieses wunderschönen Planeten – alles tanzt mit dem Mond und wird von diesem wunderschönen Meereswesen beobachtet.

Tretet mit dem Mond in Kontakt – denn er wird euch stets bewegen und berühren ... Lernt ihn kennen, und ihr werden das Geheimnis des Lebens begreifen, ohne es jemals in Worten erklären zu können ... Es wird in euren Knochen, eurem Blut und euren Zellen, im Wasser eures Blutes weiterleben, und ihr werdet von den Unwahrheiten eurer menschlichen Zeit frei sein und jene Zeiten und Kreisläufe kennenlernen, die alt, weise und mächtig sind.

Umgedreht:

Wer sich vom Mond abwendet, kehrt gleichzeitig der Natur und der weiblichen Welt den Rücken und hat vielleicht auch das Gefühl, dass der Nacht etwas Unsicheres, Unzuverlässiges anhaftet. Du scheust dich davor, deine wahre Natur kennenzulernen – du kannst die Details deines Lebens zwar verstandesmäßig erfassen, lebst aber viel zu sehr im Kopf. Du bist noch nicht im Bauch, in deinem tiefsten Inneren angelangt – jenem instinktgeleiteten Gezeitenwesen, das ein starker, kreativer Teil von dir ist.

Du verlässt dich zu sehr auf deinen rationalen Verstand, auf Statistiken und Wahrscheinlichkeiten, statt auf natürliche Kreisläufe und Instinkte zu bauen, denen eine große Weisheit innewohnt. Du willst nicht sehen und verstehen, wie diese Kreisläufe sich immer weiter fortsetzen. Du hast Angst vor der Nacht und der Dunkelheit und missverstehst, was es bedeutet, sich im Dunkel und in der Nacht aufzuhalten. Du versuchst dich zu stark anzupassen – so sehr, dass dir dein wahres, natürliches Wesen verborgen bleibt, weil es von jenem Ich unterdrückt wird, das du künstlich konstruiert und kultiviert hast.

Prophezeiung:

Es ist genauso natürlich wie Ein- und Ausatmen: Um uns mit den Kreisläufen der Natur in Übereinstimmung zu bringen, brauchen wir eigentlich nur zu leben. Und doch bist du nun dazu aufgerufen, eine tiefere Partnerschaft mit den Zyklen des Mondes und des Meeres aufzubauen, damit die Magie deines Lebens noch reicher, tiefer und intensiver wird – damit du in einen noch stärkeren Fluss der Leichtigkeit kommst und dich in all deinem Tun von Mut und Dankbarkeit leiten lassen kannst.

Genau wie der Mond strahlst auch du und verblasst dann wieder für eine Zeit lang – du wächst und wirst wieder kleiner ... Und all das kannst du aus ganz einfachen Beobachtungen lernen, wenn du im magischen ozeanischen Mondschein spazieren gehst oder schwimmst.

Wenn wir lernen, abwechselnd nachzugeben und zu kapitulieren, dann eine Zeit lang zu führen und den Ton anzugeben und anschließend wieder jemand oder etwas anderem die Kontrolle zu überlassen, ist alles gut.

Dieser Tanz spiegelt sich in den wechselnden Formen des Mondes wider, der sich immer wieder aufs Neue der Dunkelheit ergibt und dann strahlend zunimmt, genau wie wir Frauen in jedem Mondmonat unser ozeanisches Blut vergießen – 13 Monde lang. Beobachte den Mond. Erstrahle in seinem Licht. Zieh dich gemeinsam mit ihm in die Dunkelheit zurück. Finde heraus, in welcher Phase der Mond stand, als du deinen ersten Atemzug tatest.

Das muss gar nicht kompliziert sein.

Diese einfache Verbindung zum Mond wird dich verändern, so dass dein wahres Wesen zum Vorschein kommt und der Welt offenbar wird.

18. ZEIT & GEZEITEN

Ozeanische Zauber und Rituale

Die Meerjungfrauen singen:

In unserer Welt (und früher auch in eurer) wurden regelmäßig Rituale und Feste begangen, denn so konnte unsere Ozeanmutter leichter ein- und ausatmen – und wir atmeten mit ihr, in den Kreisläufen unserer Seele, unseres Planeten, unserer Galaxis. Wir bringen der Ozeanmutter Opfergaben dar, wir säubern und pflegen ihren Küstenstreifen – jene Strände, an denen ihr so oft entlanggewandert seid. Habt ihr nicht die Delfine gesehen, die sich im Küstengewässer tummeln, als jagten sie Fischen hinterher? Natürlich fischen sie; aber sie schwimmen auch an der Küste entlang, um sie von toxischen Energietaschen zu reinigen. Oft versuchen wir Meerestiere aus euren Netzen zu befreien. Auch das sind Rituale und Zauber. Und da fragt ihr Menschen euch noch, welche heiligen Handlungen ihr vollziehen sollt – dabei könnt ihr doch im

Mondlicht, an der Meeresküste, im Wald oder am Ufer eines Sees singen und tanzen.

Wobei der allerheiligste Akt nur bei Ebbe möglich ist: Ehe ihr an der Küste magische Gegenstände sammelt, müsst ihr dem Meer erst einmal ein Opfer darbringen. Erst geben, dann nehmen. Das Meer versorgt alle Lebewesen auf diesem Planeten mit Nahrung – genau wie die grün-braune, fruchtbare, lehmige Erde.

Also lasst uns dem Meer danken, ehe wir sein Treibholz und seine Muscheln einsammeln oder unsere Angel nach Fischen auswerfen!

Umgedreht:

Du fühlst dich von der Natur getrennt und trittst nicht so mit ihr in Austausch, dass sie in ihrer Heiligkeit gestärkt wird. Du betrachtest alles sehr mechanisch und realistisch; das geht sogar so weit, dass die Geheimnisse des Lebens und dein Platz im großen Rad des Lebens dadurch zunichte gemacht werden. Du nimmst dir nicht die Zeit, an der Küste entlangzuwandern und mit den Ozeanlebewesen zu sprechen; du hast das Gefühl, dass deine Energie und deren Ausdruck – allein oder im Zusammenwirken mit anderen – in der Welt nichts bewirken können. Du hältst Rituale, Zauber und andere heilige Handlungen für gefährlich, unheimlich und unnatürlich oder sogar irgendwie für böse. Überbleibsel alter religiöser oder abergläubischer Vorstellungen bringen dich dazu, dich von solchen Ritualen zu distanzieren, weil du Angst hast, etwas falsch zu machen – obwohl das in Wahrheit das Allertraurigste ist: lieber gar nichts tun, als einen Fehler begehen zu wollen.

Prophezeiung:

Nun ist es Zeit für einen wohlüberlegten Akt der Verbundenheit mit dem Ozean und seinen Geschöpfen. Das kann ein Ritual oder auch ein Zauber sein. Wenn du solche Handlungen mit großer Achtsamkeit und wie ein Zeremoniell durchführst, können sie zu etwas Magischem werden und uns wieder mit dem Heiligen in uns und um uns herum in Verbindung bringen. Das kann zum Beispiel ein rituelles Bad in einem Gezeitentümpel sein oder auch ein heiliger Akt der Reinigung in deiner eigenen Badewanne, dem du dich immer um die gleiche Zeit widmest. Wenn du in dem heiligen, heilenden Gezeitentümpel badest, lass mit dem Wasser alles von dir abfließen, was du zurücklassen musst, um wieder vorwärtsgehen zu können – um dich nach der Ebbe wieder zu deiner ganz persönlichen Flut aufschwingen zu können. Die Salzwasserkristalle werden deine Aura durchdringen, reinigen und klären, so dass du dich hinterher leicht und frei, gleichzeitig aber auch sehr präsent und klar fühlst. Das warme Wasser macht den Gezeitentümpel zu einem göttlichen, heilkräftigen Meerjungfrauenbrunnen direkt an der Küste – gefüllt mit dem befreienden Fruchtwasser der Wiedergeburt. Oder vielleicht möchtest du in der Nähe der Gezeitenlinie Sandburgen oder Sandskulpturen bauen oder Mandalas in den feuchten Sand zeichnen …

Du kannst in den Sand (der selbst ein Energiefeld aus winzig kleinen, funkelnden Kristallen ist) Bilder von allem malen, wovon du befreit und gereinigt werden möchtest – oder auch von den Dingen, die die Ozeanmutter in ihren Hexenkessel holen soll, damit du sie mit ihrer Hilfe manifestieren kannst. Oder du zeichnest als Botschaft für die großen Meereslebewesen Runen in den Sand.

Am allerwichtigsten ist, dass du überhaupt etwas tust.

19. ATLANTIS

Schnelle Entwicklung • Hervorragende Leistung • Erfolg

Die Meerjungfrauen singen:

Wir leben in einer Goldenen Zeit – so vieles verändert sich so blitzschnell, die Menschen erwachen innerlich, und unser Planet steht am Beginn einer Phase, die spannend und friedlich, dynamisch und beruhigend zugleich ist. Das kann eine Zeit in deinem Leben sein, in der dir Großes widerfährt. Aber dazu brauchst du Mut. Und du darfst dir auch nie mehr wünschen, Macht *über* jemanden oder etwas zu haben – sehne dich lieber nach der Macht, etwas zu tun oder zu bewirken. Je bewusster dir wird, dass du mit dem Göttlichen in Verbindung stehst, dass du selbst dieses Göttliche bist, umso göttlicher wird auch dein Verhalten. Wenn du diese innere Verbindung und diesen Glauben verlierst – wenn du dich einfach nur als vergängliche, unbedeutende Spielfigur auf einer Bühne betrachtest, deren Tun von ebenso vergänglichen Zeugen beobachtet wird –, dann kann es sein, dass diese Goldene Zeit ungenutzt verstreicht.

Halte die Vision am Leben!

Jetzt ist es an der Zeit, einen Mittelweg zwischen Selbstlosigkeit und Selbstverwirklichung zu finden und nicht aus Überheblichkeit, sondern aus Liebe zu handeln!

Umgedreht:

Du weigerst dich, es für möglich zu halten, dass in deinem Leben jetzt ein großer Augenblick gekommen ist, in dem all deine Möglichkeiten von deiner Entscheidung abhängen, wer du sein möchtest, welche Signale du aussendest, wie du mit anderen kommunizierst und welchen Ton du dabei anschlägst. Wenn diese Karte auf dem Kopf steht, wirst du deinen wahren Talenten und Fähigkeiten zurzeit vielleicht nicht gerecht und entwickelst sie auch nicht richtig weiter. Du hast dich zu sehr auf andere Leute und deren Meinungen und Gefühle verlassen und zu wenig auf deine eigenen Bedürfnisse und Fähigkeiten, hast dein Licht unter den Scheffel gestellt. In deinem Leben gibt es zu vieles, was in der Versenkung verschwunden ist – zu viele Schätze, die am Meeresgrund verborgen liegen. Lass diese Gaben wiederauferstehen. Lass dein eigenes Ich in goldenem Glanz erstrahlen!

Du hast alles, was du brauchst, um dich durch große Leistungen hervorzutun; aber du gibst dich mit Geringerem zufrieden. Warum?

Prophezeiung:

Ein Gefühl der Verbindung mit Kristallen und Meereslebewesen; die Fähigkeit, auf telepathischem Weg mit Menschen zu arbeiten und sie zu heilen. Dringendes Bedürfnis, etwas Sinnvolleres mit deinem Leben anzufangen. Erinnerung an ein früheres Leben in Atlantis, vielleicht sogar als Delfin, Dugong oder anderes Meerestier, das immer wieder an die Wasseroberfläche steigt, um Luft zu holen. Du lernst schwimmen oder tauchen und hast ein Bedürfnis danach, dich unter Wasser zu bewegen. Verbindung mit uralten heiligen Stätten; Gefühl der Glückseligkeit und der Verbindung mit höheren Kräften und Fähigkeiten, die jetzt zu dir zurückkehren. Du fühlst dich mit Engeln, Tieren und Hexenmeistern eins – eine wundervolle Vielfalt von Wesen in deinem Leben, die so vieles mit dir gemeinsam haben. Stärkere Kommunikationsfähigkeit, weniger Angst und das Gefühl, große Gaben zu besitzen, die du furchtlos ergründest – vielleicht zum ersten Mal (in *diesem* Leben). Du hast keine so große Angst mehr davor, etwas falsch zu machen! Verfeinerung deiner Fähigkeiten; tiefes Verständnis für Naturwissenschaften; das Bedürfnis, zu experimentieren und neue Fähigkeiten zu entwickeln; und ein Staunen darüber, wie schnell du Fortschritte machen kannst.

Im-Fluss-sein, hohe Schwingungen, Ausgereiftheit.

Logik und Scharfsinn.

20. SICH VERLIEBEN

Das gegenseitige Göttliche küssen, in dir selbst

Die Meerjungfrauen singen:

Vielleicht gibt es keine engere Verbindung, kein totaleres Verschmelzen mit dem Göttlichen als das Erlebnis des Sich-Verliebens ... Und für uns Meerjungfrauen und Menschen ist diese Erfahrung so wichtig. Denn dann lassen wir uns überwältigen und geben uns einem totalen Glücksgefühl hin – aber auch dem Risiko, Schmerzen zu erleiden, betrogen, enttäuscht und desillusioniert zu werden. Deshalb drängen wir Meerjungfrauen dich dazu, dich zu verlieben; gleichzeitig sollst du aber auch aufrichtig, authentisch und verletzlich sein und weiterziehen, wenn diese Liebe schmerzhaft wird, dir keine Erfüllung schenkt oder ständig Kompromisse von dir verlangt. Sich zu verlieben, ist tatsächlich ein göttliches Wunder – doch ihr Menschen habt so viele Klischeevorstellungen davon, wie diese Liebe auszusehen hat; es gibt sogar Bücher, in denen die »Spielregeln« des

Sich-Verliebens erklärt werden. Und nur allzu oft projiziert ihr eure Idealvorstellungen in einen Menschen hinein, der nicht die geringste Ahnung von euren Hoffnungen und Träumen hat! Auch wenn ihr euch noch so sehr wie verliebte Narren vorkommt: Seid nicht »cool« – seid euch selbst treu – verliebt euch ineinander und in eure eigene Ehrlichkeit und Verletzlichkeit. Küsst das Glück, kostet vom Nektar der Liebe und stürzt euch gemeinsam in diese Ekstase; aber erlebt dabei gleichzeitig auch den totalen Durchbruch, die hundertprozentige Freiheit der Aufrichtigkeit ... Vielleicht kommt das nicht gleich alles auf einmal ... Doch nach und nach werdet ihr die Lektionen des Verliebtseins schon lernen: dass ihr das Göttliche nicht nur ineinander, sondern auch in euch selbst erkennen müsst.

Das Gefühl muss auf Gegenseitigkeit beruhen. Und es muss ein Segen sein und kein Folter- oder Manipulationsinstrument. Ihr wunderschönen Menschen könnt euch glücklich schätzen, diese Fähigkeit zu besitzen! Und nun geht und verliebt euch ineinander, in unseren Planeten, in die Tiere und anderen Lebewesen, die Elementargeister, in den Ozean und in euch selbst ... Dann wird die Natur zufrieden sein, sich wohl fühlen und wieder neu erblühen.

Umgedreht:

Du fühlst dich innerlich erstarrt und betäubt – zu verletzt, um jemals wieder dieses Risiko einzugehen, das wir Liebe nennen. Du weißt, dass unter diesem Schmerz tiefe Gefühle verborgen liegen, versuchst aber, sie unter Verschluss zu halten. Du hast dich entschlossen, in deinem Leben immer nur einen gewissen Grad an Intimität zuzulassen. Die Liebe erfüllt dich mit Angst, Aggressionen und Zweifel; du denkst nur noch mit Zynismus, Zorn und einem Gefühl der Verwirrung und Kränkung an das, was die Menschen mit dem Wort »Liebe« meinen. Dein Liebeskummer ist nicht spurlos an dir vorübergegangen. Du hast das Gefühl, dass die Welt voller Verletzungen ist. Du beobachtest die Liebe nur aus sicherer Ferne und bist viel zu vorsichtig, um dich innerlich zu öffnen und dein weiches Herz bloßzulegen. Deine Angst vor Verletzungen überschattet die Sehnsucht danach, mit jemand anderem zusammen zu sein und vom Geschmack des Göttlichen zu kosten. Aus neuen Beziehungen steigst du vielleicht lieber gleich wieder aus, hältst sie streng unter Kontrolle, enthältst dem Partner deine Liebe vor und tust nur so, als empfändest du etwas für ihn. Du hast Angst, zurückgewiesen zu werden – einfach weil du du bist – und fürchtest, keine Liebe verdient zu haben.

Oder du glaubst, dass andere Menschen nicht liebesfähig oder dein Vertrauen nicht wert sind und dass die Idee der Liebe schlicht und einfach eine Lüge ist.

Prophezeiung:

Du fühlst dich sehr stark zu jemandem hingezogen und wirst von einem Gefühl der Zärtlichkeit überwältigt – fast so sehr, dass dir dieser andere Mensch mehr bedeutet als

Essen, Trinken und Atmen. Dich zu jemandem hingezogen zu fühlen, das Göttliche in diesem Menschen und dir selbst zu sehen und zu erleben – dieses Gefühl kann süchtig machen. Du stehst am Beginn einer starken Beziehung, der echte Magie innewohnt – zwei Seelen, die sich gegenseitig erkennen –, und doch ist es klug, auch dich selbst gut zu kennen und deine eigenen Denk- und Verhaltensmuster richtig zu deuten. Du möchtest mit einem anderen Menschen kommunizieren und eine enge Bindung zu ihm aufbauen – du fühlst dich so seelenverwandt mit ihm, als lösten die Grenzen deines eigenen Ichs sich auf, um mit dem geliebten Menschen eins zu werden. Eine aufregende Zeit der Wonne und Schönheit, aber auch voll von neuen Erfahrungen, Unsicherheit und Ungewissheit – vielleicht eine Zeit, in der du dich sehr lebendig fühlst, am Ende deines normalen Alltagsleben stehst und dem, was ihr Wahnsinn nennt, sehr nahe kommst! Jener Zeitraum vor dem Wissen, in dem wir am ehesten dazu neigen, den anderen zu idealisieren. Diese Karte kann auch für eine Sehnsucht nach Sexualität stehen, die heilig und von starker Erotik erfüllt ist und zwei Seelen eng aneinander schmiedet.

Ein enormer spiritueller und sinnlicher Liebesakt.

21. DER SPIEGEL

Erkenne dich selbst
Selbstprüfung • Sehen, wer du wirklich bist

Die Meerjungfrauen singen:

Das Wasser ist ein großartiger Spiegel; und je dunkler es ist, umso deutlicher spiegelt sich die umliegende Welt darin wider. Genauso ist es auch mit dem Leben. Der klare Spiegel zeigt uns, wer wir zu sein scheinen ... Doch wenn unser Leben, das Meer oder unsere Gefühle dunkler, komplizierter, traurig, nachdenklich, tiefgründig und manchmal auch schmerzhaft werden, dann schauen wir – metaphorisch gesprochen – in einen dunklen Spiegel. Aber gerade in diesen Zeiten erkennen wir, wer wir wirklich sind – wenn wir unter Druck stehen, kommt unser wahrer Charakter zum Vorschein. Und nicht immer gefällt uns die Wahrheit, die wir in diesem dunklen Spiegel zu sehen bekommen. Bei diesem Akt der Selbsterkenntnis können wir Meerjungfrauen dir helfen, denn wir halten dir einen magischen Spiegel vor, der nicht nur deine äußere Erscheinung zeigt, sondern dein gesamtes Wesen – deine Anmut und Liebenswürdigkeit, deine Verletzungen und Narben. In diesem Spiegel kannst du Dinge erkennen, die deinen physischen Augen verborgen, den Augen deiner Seele aber sehr wohl bewusst sind. Ein solcher Spiegel kann dir zum Beispiel im Traum oder in sehr emotionalen Lebensphasen erscheinen, wenn dir klar wird, dass du immer noch verletzt bist oder an Wunden leidest, die du vor der Welt zu verbergen versuchst. Stehst du vor diesem schönen Spiegel, brauchst du dich nicht zu tarnen oder zu verstecken. Und es ist auch nicht richtig, deine Narben und Verletzungen – oder deine Schönheit und deinen strahlenden Glanz – zu beurteilen; sie sind einfach da, und indem du sie klar und deutlich erkennst (vor allem im dunklen Spiegel der großen Ozeanmutter), wird dir klar, wer du bist. Wenn du in klaren Gewässern schwimmst, siehst du nur das Helle, Positive; doch die dunklen Wasser gewähren dir einen ehrlichen Blick auf so vieles von deinem wahren Wesen. Dann kannst du dich entweder verändern – oder du kannst die Wahrheit deiner Identität einfach akzeptieren, ohne etwas daran korrigieren zu wollen. Du erreichst einen Zustand der Selbstliebe, Selbsterkenntnis und Selbstheilung.

Umgedreht:

Du weigerst dich, dein wahres Wesen zu sehen – du möchtest nicht einmal tiefer in dein eigenes Inneres hineinschauen und viele deiner bisherigen Annahmen in

Frage stellen. Das Bild, das andere Menschen sich von dir gemacht haben, verwirrt dich.

Du schaust in einen Spiegel und siehst dort nicht dein ganzes Ich, sondern nur die Fassade, die du sorgfältig für die Augen der Öffentlichkeit konstruiert hast.

Du willst dich nicht mit deinen Verletzungen, Denk- und Verhaltensmustern auseinandersetzen; doch gerade das verleiht ihnen Macht.

Du hast dein Selbstbild noch niemals genau unter die Lupe genommen, dich nie richtig verstanden – du projizierst einfach nur ein kunstvoll gestaltetes Bild von dir selbst in die Welt hinein und hältst das für dein wahres Ich.

Du glaubst viel zu sehr an den äußeren Schein statt an die Ganzheit deines Ichs und deiner Seele.

Du hast kein persönliches Mitgefühl mit deinen Verletzungen und bist der Meinung, dass du einen großen Bogen um diese inneren Wunden machen oder sie gar verleugnen solltest.

Du hast Angst vor dem Blick in den Spiegel, weil du zu negative Vorstellungen von dir selbst hast und dich davor fürchtest, deinem wahren Ich ins Auge zu sehen.

Prophezeiung:

Nun ist es an der Zeit, deiner Wahrheit sanft und doch entschlossen ins Gesicht zu sehen und zu begreifen, dass du gar nicht so hässlich oder unzulänglich bist, wie du glaubst. Begib dich auf eine ehrliche, schöne Wunderreise in deine eigene Seele ... Erkenne, was deine Augen nicht immer sehen können, deine Seele aber schon lange spürt ... Diese Erkenntnis kann dir durch Beobachtungen zuteil werden, aber auch durch liebevolle Worte von Freunden, die dich wirklich wahrnehmen, oder von einem Fremden, der etwas an dir erkennt, was zu viele Leute übersehen. Oder in einem Augenblick, in dem du einen flüchtigen Blick auf den Menschen erhaschst, zu dem du geworden bist ...

Auch Träume, Visionen und intuitive Eingebungen sind Spiegel, die uns in dieser Lebensphase vorgehalten werden. Es werden also Spiegelbilder deiner selbst auf dich zukommen; und du wirst sehen, wie du in den Augen anderer Menschen erscheinst.

Nimm den Spiegel – jenen magischen Gegenstand der Meerjungfrau – freudig entgegen und schau hinein; dann werden Wunder geschehen, und deiner Heilung steht nichts mehr im Weg.

22. GÖTTLICHE SINNLICHKEIT

Liebesakt • Erotik

Die Meerjungfrauen singen:

Ja, wir Meerjungfrauen sind die Beschützerinnen und Verfechterinnen von Sexualität und Freiheit, Verführungskraft und Macht! Körperliche Freuden sind kein rein physisches Erlebnis: Zwischen zwei Menschen, die miteinander schlafen, sich küssen oder sich einfach nur die Hände schütteln – Menschen, die sich gegenseitig berühren –, entsteht eine intime Verbindung ... Und wenn ihr diese intensive Intimität miteinander teilt, baut sich auch ein starkes energetisches Band zwischen euch auf ... Deshalb solltet ihr euch genau überlegen, mit wem ihr ins Bett geht, wann, wo und vor allem warum.

Allerdings gibt es eine Unterströmung in eurer Kultur, die den Liebesakt, die Sinnlichkeit und die Lust an körperlichen Freuden negativ betrachtet und es falsch findet, dieses Vergnügen zur Kunst zu erheben: Aus dieser Sicht haftet der Sexualität etwas Schuldhaftes an. Irgendwie habt ihr die verzerrten sexuellen Vorstellungen des Mittelalters, die zu einem Hass gegenüber dem Körper und der Sexualität und einer Dämonisierung der Frau geführt haben, immer noch nicht abgelegt. Doch auch das Gegenteil – die Sexualisierung eures Körpers – untergräbt eure Fähigkeit zum Liebesakt, jene Gabe, euch selbst Lust zu bereiten und körperliche Freuden zu genießen.

Wir Meerjungfrauen sind zu einem Symbol der Verführerin geworden, einem Weib, das Männer und Liebhaber in seinen Bann ziehen möchte – und in vielerlei Hinsicht sind wir auch ein Symbol für Gefahr. Genauso ist es mit eurer eigenen Sinnlichkeit.

Wenn du diese Karte gezogen hast, bist du jetzt sehr wahrscheinlich bereit, deinen eigenen körperlichen Ausdruck der Wonne zu erforschen und dich in dieses Meer aus Lust hineinzustürzen: vielleicht durch den Liebesakt mit jemandem, der dir etwas bedeutet, oder einfach dadurch, dass du einen höheren Grad an Intimität in deine zwischenmenschlichen Beziehungen hineinbringst. Oder vielleicht erlebst du auch einfach nur beglückende Augenblicke der Sinnlichkeit beim Tanz oder bei einer Massage ... Auf jeden Fall aber ermutigt diese Karte dich, wieder mit der Liebe zu deiner natürlichen Körperlichkeit in Kontakt zu treten und den Genuss zu erforschen, den deine Sinnlichkeit dir bringen kann.

Falls du noch irgendwelche kulturell bedingten oder persönlichen Schuldgefühle haben solltest, die dich davon abhalten: Werde dir darüber klar und entwirre diese Konflikte. In eurer Kultur gibt es viele negative Vorstellungen und Tabus: dass Frauen, die Sexualität genießen und solche Gefühle in anderen Menschen wecken, unrein sind und mit dem Feuer spielen – dass sie eine Bedrohung für sich und andere Frauen und eine Gefahr für die Männer darstellen. Doch in Wahrheit wohnt in euch allen irgendwo eine Verführerin; und dieses meerjungfrauenähnliche Wesen in eurer Psyche und eurem Unterbewusstsein kann euch zeigen, wie man sich und anderen Menschen Lust bereitet – und wie äußerst heilsam diese heilige Sinnlichkeit ist.

Umgedreht:

Du empfindest Misstrauen, vielleicht sogar einen gewissen Hass auf deinen Körper, auf Frauen und die Welt der Sinnlichkeit ... Solche Gefühle äußern sich oft in dem Glauben, dass Sexualität und Menschen, die Sex mögen, genießen und für etwas Heiliges halten, dich nur in Versuchung führen wollen – dass sie ihre Versprechungen nicht halten werden. Vielleicht ist es schon eine Weile her, dass du echte körperliche Intimität mit einem anderen Menschen oder mit dir selbst erlebt hast. Vielleicht muss dieser Bereich deines Lebens jetzt endlich erweckt werden ... Womöglich fällt es dir schwer, zum Orgasmus zu kommen, oder du leidest unter einer sexuellen Störung. Aber Sex ist kein Sport und kein Wettkampf, bei dem nur ein einziges Ergebnis möglich ist. Dabei geht es um Ausdruck und um die enge Verflechtung zweier Personen: Man begibt sich mit dem Körper auf eine Entdeckungsreise in die Seele eines anderen. Wenn du das verstehst und den Mut dazu hast, kannst du diese Entdeckungsreise auch in einer Partnerschaft wiederbeleben, deren sexuelle Quelle ausgetrocknet ist; oder du kannst eine neue Beziehung zu einem Menschen aufbauen, die euch beide sinnlich und spirituell erfüllt. Nun ist es an der Zeit, zu akzeptieren, dass es so viele verschiedene Wege der Liebe gibt. Vielleicht verurteilst du die sexuellen Vorlieben und den Lebensstil eines anderen; aber du beginnst nun die Vielfalt körperlicher Ausdrucksformen der Liebe zu entdecken.

Umarme den Regenbogen der manifestierten Liebe!

Prophezeiung:

Vielleicht verurteilen andere Menschen dich zurzeit wegen deiner sexuellen Entscheidungen und der Partner, die du ausgewählt hast oder noch auswählen wirst.

Mache dir bewusst, dass es dein angestammtes Recht ist, frei zu entscheiden, wem du dich hingeben möchtest und warum – die einzige Frage ist, ob es sich dabei um einen heiligen und ehrenwerten Austausch handelt und ob du persönlich es für eine gute Entscheidung hältst. Es ist höchste Zeit, gesellschaftliche, ja sogar kulturelle und traditionelle Normen und Werturteile über deine Partnerwahl und die Art, wie du deine Sexualität leben möchtest, über Bord zu werfen. Zurzeit wird in deinem Leben eine Grenze durchbrochen – und solange das deine freie Entscheidung ist, die dir Weisheit, Gesundheit, Freude und Respekt einbringt, dürfen deine Mitmenschen dich dabei nicht bevormunden. Die Wahl liegt einzig und allein bei dir.

Überwinde deine Angst!

23. TRÄUME

Lebhafte Träume • Botschaften und Lehren, die im Traum zu dir kommen

Die Meerjungfrauen singen:

Wovon träumen wir Meerjungfrauen? Uns geht es genauso wie dir: Manchmal sind unsere Träume lebhafter als unser Wachleben ... Und Freiheit, Entdeckungsreisen, Symbole und Botschaften spielen darin eine wichtige Rolle. Manchmal sind unsere Träume der Ruf unserer Seele, die zu uns spricht, weil sie möchte, dass wir auf ihre Botschaften achten und mehr in einer mystischen Welt leben. Einer Welt, in der wir Zeit für uns selbst haben dürfen, in der wir unserem wahren Ich Ausdruck verleihen und es in unser Leben hineinträumen können und in der wir sehr, sehr klare Botschaften aus dem Reich unseres Unbewussten empfangen – dem fließenden, wässrigen Element, der tiefen Unterwelt unseres wahren Herzens-Ichs. Wir Meerjungfrauen können an Land nicht immer in visueller Gestalt zu euch kommen – denn wir liegen ja nicht ständig am Strand, und viele Menschen sind nicht träumerisch genug, um für solche Kontakte offen zu sein – sie sind zu sehr auf ihre linke Gehirnhälfte fokussiert und programmiert. Wenn wir Meerjungfrauen euch über den Gesang der Wellen nicht erreichen können, kommen wir eben auf den Wellen eures schlafenden Gehirns zu euch ... Und in dieser Traumwelt flüstern sie euch zu, wovon ihr euch befreien müsst, was euch fasziniert und motiviert und wonach ihr hungert und Sehnsucht habt.

Träume sind ein anderes Leben: Das Leben, das ihr im Schlaf führt, ist eine ebenso tiefgründige Realität wie euer Wachzustand. Es ist geheimnisvoll und berührt und beeinflusst euch auf einer sehr tiefen Ebene – doch viele Menschen haben keine Zeit und verschwenden keinen Gedanken an das, was ihre Seele sie da lehrt und Nacht für Nacht gemeinsam mit ihnen durchlebt.

Wenn diese Karte auftaucht, ist sie ein sicheres Zeichen dafür, dass wir Meerjungfrauen durch den Ozean deiner Schlafenszeit die Hände nach dir ausstrecken. Sie ist eine Aufforderung, deine Träume jetzt mehr zu »fühlen«, statt sie zu analysieren – obwohl auch Letzteres klug und hilfreich sein kann. Aber jetzt ist es wahrhaftig an der Zeit, deine Träume zu fühlen. Lass ihre Weisheit und Führung in deine Wachwelt hineinsickern.

Sei einfach eine Zeit lang etwas »träumerischer«, lebe ein bisschen mehr zwischen zwei Welten, fokussiere deinen Blick weniger scharf und höre auf die Botschaften aus der Tiefe deiner Seele. Dein Verstand wird versuchen, die

Einflüsterungen von uns Meerjungfrauen zu verstehen, aber das kann er nicht – er kann nur beobachten. Also beobachte, erfühle, erfahre und lebe deine Träume auch bei Tage, wenn du wach bist – denn unsere Weisheit ist stark und mächtig und kann Leben verändern –, und erwache für den Ruf und das Lied deiner Seele.

Umgedreht:

Schlafstörungen, nächtliches Erwachen, Unfähigkeit, dich an deine Träume zu erinnern oder sie zu ergründen; das Gefühl, dass es irgendetwas gibt, was außerhalb deiner Reichweite liegt. Dein Schlaf ist flach und unruhig, oder du behauptest schlicht und einfach, keine Träume zu haben! All das könnte sich zurzeit in deinem Leben abspielen – oder vielleicht verleugnest du deine Träume auch oder bist der Meinung, dass Träume überhaupt keine Bedeutung haben. Zunächst einmal solltest du deine Schlafumgebung verändern und dich bemühen, weniger starr in deinen Ansichten zu sein – es gibt Träume und Botschaften, die dir etwas sagen möchten ... Aber ob du dich dafür öffnest oder taub bleibst, liegt bei dir.

Prophezeiung:

Wenn dir diese Karte begegnet, solltest du tiefer in die Welt des Traums eintauchen – vielleicht ein Traumtagebuch führen oder einfach jeden Morgen fünf Minuten lang über jenen Teil deines Lebens meditieren, den du im Schlaf verbringst. Dein Verstand hat wahrscheinlich nicht viele wertvolle Botschaften für dich. Deine Träume dagegen sind voll lebhafter Bilder und Details, voller Poesie und Symbole; im Schlaf tauchst du in eine kreative, fließende, fantasievolle, surreale Welt ein.

Nimm dir jeden Morgen oder ruhig auch tagsüber etwas Zeit, deinen Traum zu »fühlen« und dann über seinen möglichen Sinn nachzudenken ... Aber versuche ihn nicht auf eine bestimmte Bedeutung festzunageln, sonst wird er sich dir entziehen und davonfliegen.

Gönne dir jeden Abend vor dem Schlafengehen ein ausgiebiges Bad oder eine warme Dusche; und bevor du einschläfst, stell dir vor, in einem Teich dahinzutreiben ...

Lass dich von den Wassern des Schlafes entführen; lass dir von den Meerjungfrauen der Träume ein Lied singen.

24. SEELENKÄFIG

Rettung • Flucht aus Gefangenschaft und Beschränkung

Die Meerjungfrauen singen:

Die Legende von den Merrows – jenen Meerjungfrauen, die an Irlands wunderschöner, wilder Westküste leben – hat auch eine Schattenseite: die Seelenkäfige. In diesen Unterwassergefängnissen werden Menschenmänner zwischen zwei Welten festgehalten: als Gefangene der eifersüchtigen Merrow-Männer. Unter den Meereswellen sperren die Merrow-Männer die Prinzen der Erde in Gefängnissen aus Seetang und Korallen ein: Das sind die Seelenkäfige der Legende, in denen diese Prinzen in einem Schwebezustand zwischen Leben und Tod verharren müssen. Doch für jeden Mann, der von den Merrow-Männern entführt und in einen Seelenkäfig geworfen wird, gibt es eine Merrow-Meerjungfrau, die ihn wieder aus diesem vorsintflutlichen Kerker befreit, mit ihm an die Meeresoberfläche schwimmt und sein Herz mit Küssen, die halb Gesang, halb Zauber sind, wieder zum Schlagen bringt. Sobald der Atem von Merrow und Menschenmann ineinanderfließen, kehrt der Prinz wieder auf die Erde zurück – zu neuem Leben erweckt und für immer verändert.

Die Seelenkäfig-Karte kommt immer dann zu dir, wenn du nur ein halbes Leben führst – oder wenn es jemand anderem, den du kennst, so geht. Der Seelenkäfig hindert dich daran, deinen Horizont zu erweitern; er hält dich in deiner Komfortzone fest und scheint dich vor möglichen Gefahren und Schäden abzuschirmen – doch letzten Endes bedeutet das nur, dass du in deinem Leben weder ganz wach warst noch richtig geschlafen hast. Du hast dich entschlossen, in einem Schwebezustand und einer Welt der Kompromisse zu leben; und mit dieser Karte kommen die Merrows zu dir, um dir klarzumachen, dass du in einem Gefängnis sitzt. Sie fragen dich, ob du bereit bist, in die Freiheit zurückzuschwimmen und dich wieder mit deinen Leidenschaften und Lebenszielen zu verbinden. Du wirst Gefahren und Abenteuer erleben, und manchmal wird es auch weh tun – doch außerhalb deines Seelenkäfigs warten Glück, spannende Entdeckungen und fröhliches Gelächter auf dich.

Umgedreht:

Wenn diese Karte auf dem Kopf steht, will sie dir vielleicht eine ganz subtile Botschaft vermitteln ... Sie bedeutet nicht unbedingt, dass du von deinem Seelenkäfig frei bist – sondern vielleicht willst du dir nur nicht eingestehen, dass du von Käfigen umgeben bist! Also solltest du jetzt einmal darüber nachdenken, welche deiner Wertvorstellungen wirklich aus deinem Herzen und deiner Seele kommen und welche du von anderen Menschen übernommen hast, obwohl sie gar nicht mehr zu dir passen. Welchen Traum hast du noch nicht gelebt? Welcher Teil deines Ichs ist nicht frei?

Die umgedrehte Karte kann auch darauf hindeuten, dass du es für unrealistisch oder für eine zu radikale Maßnahme hältst, aus deinem Käfig zu entfliehen – doch Freiheit vom Seelenkäfig bedeutet nicht unbedingt, von einer Sekunde auf die andere aus deinem jetzigen Leben wegzulaufen. Es bedeutet, langsam und allmählich Ketten gegen Flügel und Fesseln gegen die Freiheit einzutauschen und über die Rolle nachzudenken, in die du hineingeraten bist – die des pflichtbewussten Partners oder der pflichtbewussten Partnerin ... Dir Gedanken über die »Wahrheiten« zu machen, die du dir einsuggerierst: dass man nur einen einzigen Lebenspartner haben darf; dass es etwas Schlechtes ist, seine Meinung zu ändern; und dass alle Menschen für immer und ewig so bleiben müssen, wie sie gerade sind. Diese Vorstellungen sind nicht so wahr, wie dein Seelenkäfig dich glauben machen will. Beginne an den Stäben deines Gefängnisses zu rütteln! Bring deinen Käfig ins Wanken!

Und mach dich auf die Reise in dein eigenes Leben!

Prophezeiung:

Fühlst du dich gefangen, festgefahren oder wie erdrückt? Hast du das Gefühl, Einschränkungen unterworfen zu sein? Dann kann es durchaus sein, dass du in einem Seelenkäfig sitzt. Dieser Käfig steht für jeden Kompromiss, den du eingegangen bist und der dir ein kleines Stück von deiner Seele weggeschnitten hat, jede Lüge, zu der du dich um des lieben Friedens willen durchgerungen hast. Oder für den Beruf, den du ergriffen hast, weil du glaubtest, von einer Arbeit, die dir Freude macht, nicht leben zu können. Jedes Mal, wenn du dir eine überflüssige Versicherung verkaufen lässt; jedes Mal, wenn man dir einredet, ein Leben der Angst führen zu müssen; jedes Mal, wenn deine Kultur dir suggeriert, so leben zu müssen, als seist du in großer Gefahr, schließen sich die Mauern eines Seelenkäfigs um dich.

Diese Karte – und die Merrows – fragen dich nun: Möchtest du dich wieder aus deinem Seelenkäfig befreien? Das muss nicht unbedingt von heute auf morgen geschehen ... Es gibt viele Ketten, Schlösser und Gefängnisstäbe. Doch Schritt für Schritt werden die Merrows dir helfen, die Freuden des Lebens wiederzuentdecken – eines Lebens im Einklang mit den Geschichten, die du der Welt erzählen solltest, weil deine Seele es so will.

Und dann wirst du frei sein.

25. DIE SELKIE & IHRE HAUT

Deine Authentizität zurückgewinnen

Die Meerjungfrauen singen:

Wenn diese Karte vor dir liegt, ist das eine Botschaft von der weisesten und gütigsten aller Meerjungfrauen. Sie will dir sagen, dass du jetzt zu der Lebensweise zurückkehren musst, in der du frei bist.

In der Geschichte der Selkie geht es nämlich um ein Geschöpf, das gefangen genommen worden ist, dessen elementare Wildheit gezähmt wurde und das gewissermaßen in einen Zustand der Amnesie verfallen ist, einfach um mit dem Verlust fertigzuwerden.

Wenn du dich an alles erinnerst, was dir genommen wurde, könnte dein Herz brechen und deine Willenskraft ersterben. Die Geschichte der Selkie ist für alle Menschen gedacht, die ihre Kraft, ihre Freiheit und ihr Recht vergessen haben, sich immer wieder aufs Neue für die Lebensfreude zu entscheiden.

Diese Legende der Selkie erzählt von der göttlichen Weiblichkeit und dem angeborenen Bedürfnis der Frau, frei zu sein – frei in der Wahl des Menschen, mit dem sie zusammen sein möchte, frei in der Art, wie sie ihre Kinder großziehen will, frei, um mit ihren Schwestern zu tanzen und im Mondschein ihre Götter zu verehren. Die Geschichte macht uns auch klar, dass es ein Verbrechen ist, jemanden besitzen zu wollen, ein freies Geschöpf gefangen zu nehmen und uns Meerjungfrauen vom Element des Wassers fernzuhalten – von der Heiligkeit unseres Mutterschoßes, unserem emotionalen, wässrigen Ich. Niemand darf uns an Land festhalten; wir müssen immer im Fluss, in ständiger Bewegung bleiben. Diese Liebe zum weiblichen Element bringt Männern ebenso wie Frauen Reichtum und inneres Gleichgewicht, Glück und ein gütiges Schicksal. Wenn man uns Meerjungfrauen bestiehlt, werden alle beraubt.

Ebenso wirkt es auf alle Lebewesen befreiend, wenn eine Meerjungfrau herrscht und heilig gehalten wird.

Umgedreht:

Deine Arglosigkeit wurde ausgenutzt. Außerdem steht diese Karte für die Verführungskraft des Göttlich-Weiblichen, für das Eingefangenwerden, aber auch für die Suche nach deiner persönlichen Freiheit, die du dir zurückerobern sollst. Fühlst du dich zurzeit unwohl in deiner Haut? Nimm dir eine Auszeit von den Verpflichtungen der Hausarbeit, des Familienlebens und anderer Rollen, die dieses Leben dir vielleicht zugedacht hat. Mit dieser Botschaft wollen die Meerjungfrauen keine Unzufriedenheit säen, keinen Keil in Familien treiben oder gegen die Magie verstoßen, die Mutter- und Partnerschaftspflichten innewohnen und heilig gehalten werden kann. Aber sie wollen dich an den Ruf deiner wilden Seele erinnern. Dass du deine Emotionen und deine Mutterschoß-Weisheit frei fließen lassen darfst.

Räume deiner eigenen Souveränität und Freiheit ruhig ab und zu den Vorrang ein. Sei frei und kehre nur deshalb in dein häusliches Leben zurück, weil das dein Wunsch ist und weil dein Ehrgefühl es so will.

Erlaube niemandem, deine Seele gefangen zu nehmen.

Sei eine Selkie.

Prophezeiung:

Wenn diese Karte zu dir kommt, ist es an der Zeit, zu tanzen, frei zu sein und dich mit Frauen zusammenzutun, die einfach SEIN möchten – frei, um im Mondschein zu tanzen, frei von allen Dogmen, ja sogar frei von politischer Korrektheit. Eine Zeit ohne Kinder, ohne Beziehungen und ohne andere Paare um dich herum. Die Freuden des »Single«-Daseins oder der Freiheit. Der richtige Zeitpunkt, um deine Familie und deinen Partner eine Zeit lang zu verlassen und dir deine Meereshaut zurückzuholen. Suche dir ein sicheres Umfeld. Hab jetzt kein Vertrauen zu Menschen, die sich »um dich kümmern« möchten. Vielleicht ist das nur eine beschönigende Umschreibung dafür, dass sie dich gefangen nehmen wollen.

Begib dich an einen Ort, wo du von Geschlechtsgenossinnen umgeben bist, wo der Kontakt mit Frauen deines Schlages dich innerlich nährt und unterstützt.

Finde einen sicheren Zufluchtsort, an dem du dir regelmäßig eine »Auszeit« gönnen kannst. Du solltest jetzt auch andere Menschen und Lebewesen in ihrem Wunsch nach Freiheit ermutigen und unterstützen. Denn wenn wir das tun, kommt uns unsere eigene Freiheit gleich viel natürlicher vor. Spende Geld für eine Organisation zum Schutz von Seehunden. Unterstütze keine Praktiken oder Unternehmen, die von der leider auch heute noch stattfindenden Robbenjagd profitieren.

Besuche Länder, aus denen die Sagen und Legenden von den Selkies stammen – die Orkney-Inseln im hohen Norden Schottlands, Island, Skandinavien, Nordirland und die kühlen Meere dieser Region. Oder reise in deinen Träumen, Visionen und Erinnerungen an frühere Leben dorthin – und lass dein Selkie-Ich frei.

26. LUFT

Tief durchatmen, ins Leben gehen • Austausch lebensspendender Energien

Die Meerjungfrauen singen:

Sei einmal für einen Augenblick ganz still. Sei still! Halte den Atem an. Wie fühlt er sich an, dieser Augenblick zwischen Vergangenheit und Zukunft? Und nun lass dich ganz bewusst auf den Zyklus deiner Atmung ein: das Einatmen, der Luftstrom durch die Nasenlöcher, deine Umgebung und das Gefühl, das du dabei hast, die Ausdehnung deiner Lungen, der kurze Moment vor dem Ausatmen – und dann der schöne Augenblick, in dem alles, was dein Körper nicht brauchte, nicht wollte oder nicht in sich aufgenommen hat, wieder freigesetzt wird. Wenn dir diese Karte begegnet, bitten die Herrinnen des tiefen Atmens, die Meerjungfrauen, dich, einmal genau auf deine Atmung zu achten – sie dir eine Zeit lang bewusst zu machen – bis du leichter in diesen wunderschönen Austausch mit den Bäumen und den Beeten sauerstofferzeugender Pflanzen im Ozean eintreten kannst und diese Fähigkeit auch mehr zu schätzen weißt.

Manchmal glaubst du immer noch, von allen anderen Lebewesen getrennt zu existieren und »allein« im Universum zu sein ... Doch keiner deiner Atemzüge ist etwas Neues – dieselben Moleküle haben auch schon andere Lebewesen durchlaufen und wurden immer wieder ausgetauscht. Jetzt ist es an dir, die Energie auszutauschen: sie in dich aufzunehmen, dich auszudehnen und all deine Zellen damit zu ernähren. Es ist an der Zeit, deine elementarsten Muster zu hinterfragen. Deine Atmung.

Umgedreht:

Deine Atmung ist erschwert und beeinträchtigt; und du fühlst dich momentan auch nicht so sehr von der Welt und der Luft unterstützt und getragen, wie du es eigentlich könntest. Es fällt dir schwer, neue Erfahrungen in dich aufzunehmen; du hast dich vom Ursprung des Lebens entfernt und hast das Gefühl, nur ganz flach ein- und ausatmen zu dürfen, wenn du in Sicherheit bleiben willst. Sogar deine Atemgeräusche unterdrückst du. Du schränkst dein Gefühl der Verbundenheit mit dem Puls der Welt ein ... Jetzt ist es an der Zeit, die Tiefe deiner Verbindung mit der Welt mithilfe deiner Atmung und deiner Aufnahmefähigkeit zu ergründen – mit deiner Gabe, willentlich und bewusst alles in dich aufzunehmen, was du brauchst und dir wünschst. Tiefes Durchatmen ist etwas,

was man sich beibringen und üben kann – aber zunächst einmal muss man es sich *erlauben*. Wenn du deine Atemwege vorsätzlich schädigst – zum Beispiel durch Rauchen, Einatmen giftiger Dämpfe oder verschmutzter Luft –, solltest du jetzt unbedingt versuchen, deine Lungen wieder besser zu ernähren und mit gesunder Luft zu füllen. Lass das Rauchen oder »Schnüffeln« giftiger Dämpfe sein. Welchen Beitrag leistet dein Atem zu diesem Planeten? Was gibt dir deine Fähigkeit, Dinge in dich aufzunehmen und wieder abzugeben? Was lässt du zu? Und worin betrügst du dich selbst? Das Ein- und Ausströmen deines Ichs, das jede neue Mutterschaft mit sich bringt, die Anpassung deiner Identität – wie du immer noch du selbst sein kannst, auch wenn deine ganze Welt sich nur noch um ein winzig kleines Menschenwesen dreht.

So wunderbar es auch sein mag, sich einen Traum erfüllt zu haben – man fühlt sich trotzdem eine Zeit lang verwirrt und verloren, während man sich auf diese neue Situation einstellt. Jetzt ist es an der Zeit, deine neue Identität als Mutter oder Vater freudig anzunehmen.

Prophezeiung:

Eigentlich könntest du Nahrung und Sauerstoff viel tiefer in dich aufnehmen, als du es momentan zulässt. Du solltest dich mit der Idee vertraut machen, viel, viel tiefer durchzuatmen und die Atemluft auch eine Zeit lang in deinen Lungen zu halten. Das wird dir ein Gefühl der Sicherheit geben ... Mach dich auf die Reise in Gegenden, in denen du noch nie gewesen bist!

Die Fähigkeit, tief durchzuatmen und unter Wasser zu schwimmen, wird dir helfen, an deinen Mut und deine Möglichkeiten zu glauben und die Kapazität deiner Lungen zu erweitern.

Gönne dir einen Aufenthalt an einem Ort, der für seine reine, nährende, erfrischende Luft berühmt ist!

Gerüche, Düfte, Klänge, die durch die Luft zu dir getragen werden, strömen in dich hinein ...

Nimm das Leben in vollen Zügen in dich auf! Atme tief durch und erfülle dich mit der Essenz des Lebens!

27. SICH TREIBEN LASSEN

Loslassen • Sich eine Zeit lang einer höheren Macht überlassen

Die Meerjungfrauen singen:

Was für ein Gefühl ist es, unentschlossen und richtungslos dahinzutreiben, sein Leben nicht selbst in der Hand zu haben? In so einer Situation fühlt man sich immer hilflos und ohnmächtig ... Diese Karte fordert dich auf, über die vielen verschiedenen Aspekte des Loslassens oder »Mit-dem-Strom-Schwimmens« nachzudenken – ein Begriff, den so viele Menschen gebraucht haben, dass er inzwischen schon zum Klischee geworden ist. Manchmal lassen wir Meerjungfrauen trotz all unserer Stärke und Zielstrebigkeit einfach los, vor allem, wenn es viel Aufruhr in unserem Leben gegeben hat und wir dadurch geschwächt sind. Diese Karte will dir sagen, dass du dich zurzeit in einer Lebensphase befindest, in der du keine Anstrengung unternimmst und dich einfach treiben lässt: dass du vielleicht durchaus in Sicherheit bist und dich über Wasser halten kannst – doch dein Bestimmungsort hängt von den Gezeiten, den Kreisläufen der Natur, den Wellen und vom Wind ab. Die Karte kann aber auch bedeuten, dass es für dich zurzeit nichts Dringliches gibt – dass du bereit bist, dich zu fügen und einfach abzuwarten, was als Nächstes passieren wird ... Doch auch das ist eine Entscheidung. Du kannst immer noch mit den Füßen paddeln. Oder dich auf den Rücken legen, dein Gesicht den Wolken zuwenden und das Wasser des Himmels trinken, wenn es auf die Erde herabfallen will – andere Mächte über dein Schicksal entscheiden lassen. Manchmal ist das gut und richtig, manchmal auch demütigend, und manchmal kann Weisheit daraus entstehen – jene Weisheit, die aus stiller Beobachtung und dem Gefühl erwächst, dich einer Macht zu opfern, die größer ist als du selbst.

Es gibt keinen Anker mehr. Und auch keine Segel. Keine Ruder. Es gibt nur noch diese auf den Meereswogen dahintreibende Welt, zu der du gehörst.

Umgedreht:

Vielleicht schreckt dich die Vorstellung ab, dich von der Zeit und den Gezeiten an einen Ort bringen zu lassen, den du dir nicht selbst ausgesucht zu haben scheinst. Du findest es nicht sehr verlockend, andere für dich sorgen zu lassen und das, was dein Schicksal zu sein scheint, in die Hände anderer Mächte zu legen. Du hast dich sehr darum bemüht, eine Richtung zu finden, dich selbst zu definieren und dir darüber klarzuwerden, wer du bist und was in deinem Leben geschieht. Doch manchmal scheinen das Leben und das Universum eine Eigendynamik zu entwickeln, und dann ist es am klügsten, sich – wenn auch nur eine Zeit lang – einfach von dem, was geschieht, leiten zu lassen. Dann sollte man wie ein dahinströmender Fluss oder wie Wasser sein, das von einer Felswand herabfällt, und nicht so, wie ein Baum wächst oder ein Felsen sich tief in der Erde verankert. Diesmal ist alles ein bisschen anders, und wenn du dich dagegen wehrst oder versuchst, deinen Willen Ereignissen aufzuzwingen, die NICHT aus dir selbst heraus entstehen, entgeht dir vielleicht etwas sehr Wichtiges, das du verstehen solltest. Vielleicht bist du jetzt in einer Lebensphase angelangt, in der du lieber schwerelos dahintreiben als deines Schicksals eigener Schmied sein sollst. Du kannst beides.

Prophezeiung:

Du wehrst dich gegen den Versuch, etwas zu ändern – du überlässt dich lieber der Situation und wartest einfach ab, wo sie dich hinführt. Eine friedliche, ozeanische Passivität, mit der du den Kreisläufen des Lebens die Entscheidung überlässt. Diese Karte kann aber auch darauf hindeuten, dass du keine Entscheidungen treffen, sondern dich lieber einfach treiben lassen möchtest und jeden Ausgang der Situation akzeptierst. Als würdest du dich weder vorwärtsbewegen noch zurückziehen – eine

Akzeptanz aller Dinge, die da kommen mögen, und eine ganz leichte, kaum wahrnehmbare Bereitschaft, dich von der Strömung tragen und leiten zu lassen, wohin sie will. Du treibst dahin – ein bisschen so wie Odin, der am Baum des Lebens hing.

Werden die Wellen dich an die Küste treiben? Oder wirst du draußen auf dem Meer bleiben?

Wirst du immer kleiner und blasser werden und schließlich als winzig kleiner Punkt am Horizont verschwinden?

Was sollst du jetzt tun? Diese Frage stellst du dir noch nicht einmal. Du scheinst dich eher entschlossen zu haben – in der Schwebe zu bleiben, auszuruhen. Gar nichts zu tun. Du hast dich für das Nichts entschieden und lässt dein Schicksal vorläufig von den Dingen bestimmen, die um dich herum sind.

28. ZUFLUCHTSORT

Ungestörtheit • Unverletzliche Privatsphäre • Respekt vor Grenzen und Tabus

Die Meerjungfrauen singen:

In der Meereswelt leben viele verschiedene Geschöpfe. Eines der geheimnisvollsten und am schwersten fassbaren Meereslebewesen sind die mächtigen Melusinen. Die Mutter aller Melusinen ist ein Meeresgeschöpf mit gegabeltem Schwanz – halb Frau, halb Drache, halb Meerjungfrau, halb Fee ... Sie will euch alle daran erinnern, dass es Augenblicke gibt, in denen ihr der Welt klarmachen müsst: Das ist *meine* Zeit. Und *meine* Privatsphäre. Du hast nämlich anderen Menschen sehr viel von deiner Zeit geschenkt, dich um sie gekümmert, auf sie aufgepasst, sie geliebt, getröstet, zufriedengestellt, gefüttert, ihre Wunden verbunden ... Und nun ist *deine* Zeit gekommen. In der Legende von der Melusina oder Melusine beanspruchte diese große Königin jeden siebten Tag und jede siebte Nacht ganz für sich allein; und an ihrem geheimen Zufluchtsort, der Ungestörtheit eines glitzernden Bades, verwandelte sie sich in ihr wahres Ich zurück – vollkommen unbeobachtet und frei. Der Sage nach wird Melusinas Ehemann irgendwann so neugierig, dass er sein Versprechen bricht und in ihr Allerheiligstes eindringt – und nicht nur das: Er ist entsetzt darüber, wer sie ist, wenn sie allein und ungestört sein darf. Melusinas Botschaft an dich lautet, dass du ein Recht auf eine ungestörte Auszeit hast – Zeit für dich allein, in der du so aussehen darfst, wie du willst. In dieser Zeit kannst du ganz du selbst sein und nach Herzenslust vor dich hin träumen und schwimmen. Wahre Freiheit in einer Beziehung kann es nur geben, wenn beide Partner die Grenzen des anderen respektieren, sich gegenseitig in ihrem Wunsch nach Ungestörtheit unterstützen und die Freiheit anerkennen, die durch beiderseitiges Vertrauen entsteht.

Jetzt ist es an der Zeit, dass dein Partner deinen persönlichen Freiraum, deine Privatsphäre und die Zeiten akzeptiert, in denen du ganz für dich allein sein möchtest. Er muss verstehen, dass du diese Auszeiten brauchst, um so sein zu können, wie du möchtest – und dass niemand in diesen Freiraum eindringen darf, nur weil er Angst hat, dass seine ausschließlichen Rechte an dir dadurch geschmälert oder verraten werden könnten. Es ist nun an der Zeit, deine Beziehung auf ein höheres Niveau emporzuheben: auf eine Ebene der inneren Größe, auf der euer beider Unabhängigkeit – jener Teil von euch, der jedem ganz allein gehört – respektiert, gefördert, freudig begrüßt und geliebt wird, wobei aber letzten Endes nur jeder selbst über diesen persönlichen Freiraum entscheiden darf. Wirst du dir dieses Recht ausbitten? Wirst du es annehmen, wenn es dir gewährt wird? Und wirst du diese Grenzen zum heiligen Terrain erklären? In vielen Kulturen steht Männern und Frauen – als Individuen und als Geschlecht – ein heiliger Raum zur Verfügung, der nur ihnen allein gehört; und in diesen Raum einzudringen, ist ein großes Tabu. Das ist *deine* Zeit. Möge dieses Tabu – dieser heilige Raum, den du definierst – von allen Menschen, die dich zu lieben behaupten, respektiert und geachtet werden. Denn dadurch werden sie dir zeigen, dass sie dich tatsächlich in der Ganzheit und Vielfalt deines Wesens lieben – und dass sie deine Freiheit, du selbst zu sein, wahren und unterstützen.

Umgedreht:

Zurzeit scheint es für dich überhaupt keinen persönlichen Freiraum zu geben. Selbst im Badezimmer wirst du meistens beobachtet oder unterbrochen, oder jemand will etwas von dir. Es ist höchste Zeit, dass du mit den Menschen, mit denen du dein Leben teilst, über dein Bedürfnis nach einer Auszeit sprichst. Triff eine Entscheidung darüber, wann du diese Auszeit haben möchtest, und dann lege deine Grenzen fest! Die Meerjungfrauen haben das Gefühl, dass du diesen Freiraum dringend brauchst – um zu wachsen und frei zu sein, zu experimentieren und dich sicher zu fühlen! Im Augenblick fühlt es sich ein bisschen so an, als gehöre nichts von dir, deiner Zeit und deinen Aktivitäten wirklich dir selbst, sondern alles sei für andere Menschen reserviert – du brauchst endlich Zeit und Raum für dich allein. Wenn du diesen Wunsch nach einer Auszeit deiner Seele ignorierst, wird sie sich in ihren Bedürfnissen missachtet fühlen, und das könnte zu emotionaler Disharmonie führen. Vielleicht versuchst du dir diesen heiligen Freiraum gerade in einem Umfeld aufzubauen, das diese Grenzen nicht respektiert und so etwas als verschroben oder banal empfindet.

Prophezeiung:

Beengte Unterkunft, wenig Privatsphäre, ein Badezimmer, das du dir mit anderen Leuten teilen musst; jemand respektiert dich in deinen privatesten Augenblicken nicht; deine Grenzen müssen genau unter die Lupe genommen, neu gezogen und kontrolliert werden – und zwar von dir selbst. Du hast das Gefühl, dass dein persönlicher Freiraum entweder nicht respektiert oder immer kleiner wird. Es ist höchste Zeit, dir eine Privatsphäre zu schaffen, die für die anderen tabu ist – und die nur dir allein zu bestimmten Zeiten zur Verfügung steht. Davon werden alle etwas haben, denn wenn deine Mitmenschen dieses Bedürfnis bei *dir* respektieren, werden sie auch ihre eigene Sehnsucht nach einer Auszeit erkennen und begreifen, dass sie solche Privatsphären schaffen und respektieren können – für sich und für andere.

29. LEMURIEN KEHRT ZURÜCK

Erdverbundene Spiritualität
Gemeinschaft • Erhaltung der Ozeane

Die Meerjungfrauen singen:

Weißt du von diesem Ort? Einem Kontinent, wo die Mutter allen Lebens geliebt und verehrt wurde, wo du mit Land, Meer und Himmel eins warst?

Dieser Ort war – und ist – Lemurien, und du trittst jetzt mit seiner Energie in Kontakt!

Lemurien war – und ist immer noch – ein tropisches Paradies, in dem Millionen von Geschöpfen lebten, die aus der Erde und den Ozeanen dieses Planeten entstanden. Sie entwickelten sich von Meeresgeschöpfen zu Lebensformen, die Land, Meer und Himmel bevölkerten; viele von ihnen tragen diese uralten Erinnerungen nach wie vor in ihren Genen. Auch heute gibt es auf der Welt noch viele Orte, an denen sich Überreste von Lemurien erhalten haben – vor allem in jenem großen Ozean, den ihr Pazifik nennt (was so viel wie »friedlich« bedeutet).

In vielen Teilen Melanesiens, Mikronesiens und Polynesiens sind diese Energien an manchen Stellen so stark, dass man fast das Gefühl hat, eine andere Welt zu betreten. Diese Energie variiert von Insel zu Insel: von der kargen, männlichen Energie Neuseelands bis hin zur weiblichen, üppigen Energie von Phi Phi in Thailand. Die Lemurer waren und sind noch friedliche Stammesvölker, für die gegenseitige Fürsorge und Verantwortung eine wichtige Rolle spielen. Sie waren schon immer gesellige Wesen – was sich nicht darin äußert, dass sie ständig Leute um sich herum haben müssen, sondern eher im Sinn einer starken Gemeinschaft. Die lemurischen Lebensgemeinschaften hatten sich organisch entwickelt, so dass jeder Menschen um sich hatte, auf die er sich verlassen konnte und die ihm halfen. Da diese Kultur auf Tauschhandel beruhte und jeder etwas anzubieten hatte, florierte die Gemeinschaft der Lemurer. Sie lebten auf einer Erde, die friedlich und voll unerschöpflicher Reichtümer war, und ernährten sich hauptsächlich von Gemüse und Fisch; viele Lemurer waren aber auch reine Vegetarier. All ihre DNA-Stränge waren voll aktiviert: Sie konnten ihre Gestalt verändern und weit in die Zukunft schauen.

Die Lemurer waren ausgewogene Geschöpfe, die gewissermaßen zwischen zwei Welten lebten.

Sie kannten kein Konkurrenzdenken und interessierten sich auch nicht für Definitionen und Unterschiede: Trotzdem hatten sie Freude an der Vielfalt.

Umgedreht:

Du weigerst dich, die in ständigem Wandel begriffenen Energien der Welt zu erforschen; du hast das Gefühl, dass die Welt, die uns in den Medien oder in unserer unmittelbaren Umgebung präsentiert wird – und die Welt der Großstadt – am erstrebenswertesten sind. Du verbringst zu viel Zeit in städtischer Umgebung, hast zu wenig Verbindung zu Tieren, zur Natur, zu deiner eigenen wilden Natur. Überall auf diesem Planeten gibt es Menschen und andere Geschöpfe, die noch sehr nach der alten Art und Weise leben – und die Meerjungfrauen drängen dich jetzt dazu, mit diesen Lebewesen Kontakt aufzunehmen. Es ist höchste Zeit, dir zu überlegen, dass es vielleicht authentische, aufrichtige und warmherzige Wege gibt, zu leben, zu arbeiten und mit anderen Menschen in Kontakt zu treten – an Orten, wo man noch keinen hektischen, aggressiven Straßenverkehr, keinen Stress, keine Gefühllosigkeit und keine Einsamkeit kennt. Es ist an der Zeit, campen oder schwimmen zu gehen, einen Berg zu besteigen oder tief in die Gewässer dieses Planeten einzutauchen. Deine Seele sehnt sich nach der tiefsten Walderfahrung Lemuriens – bitte verweigere ihr die Erfüllung dieser Sehnsucht nicht!

Prophezeiung:

Jetzt geht es darum, Freude und Verantwortung mit anderen Menschen zu teilen, euch zu versammeln, um sinnvolle

Themen – beispielsweise Verhaltenscodes und ethische Fragen – miteinander zu besprechen.

Es ist Zeit für enge Freundschaften, die dich in deiner Weiterentwicklung fördern und in denen die persönlichen Grenzen und Entscheidungen des Einzelnen respektiert werden. Jetzt wird deine Welt eine Zeit lang sehr einfach: Du orientierst dich am Nahrungsangebot der Jahreszeiten, baust Häuser, die nicht für die Ewigkeit bestimmt sind, hältst dich so viel wie möglich im Freien auf und kannst sehr effektiv mit dem Sonnen- und Mondlicht arbeiten, ohne »überdreht« zu werden (was der Mond so häufig bewirkt) oder dir an der Sonne die Haut zu verbrennen und ausgetrocknet zu werden, wie es leider auch oft geschieht. Wir brauchen nach wie vor beides – Sonne und Mond.

Du fühlst dich immer weniger mit dem Geschmack und der Meinung der großen Masse und immer mehr mit dem Ozean und der Erde verbunden.

Das entspricht keineswegs der Klischeevorstellung von einem »Hippie« – es fühlt sich eher wie eine sinnvolle Alternative und ein Fortschritt in einer Welt an, die falsche Idole wie Geld, Prominenz und Ruhm um des Ruhmes willen verehrt.

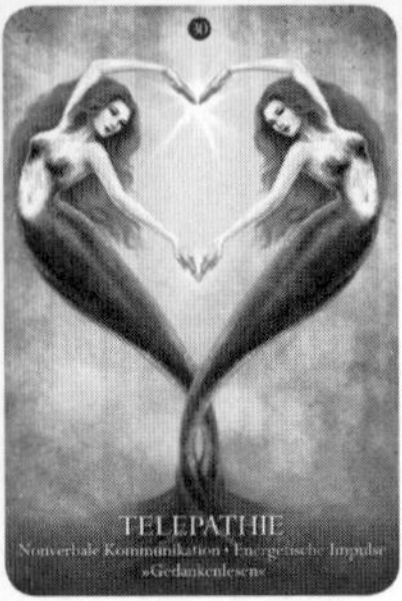

30. TELEPATHIE

Nonverbale Kommunikation
Energetische Impulse
»Gedankenlesen«

Die Meerjungfrauen singen:

Einst konntet ihr alle sprechen, ohne den Mund zu öffnen – und wenn ihr doch einmal Laute von euch gabt, waren sie heilig, sinnvoll und zielgerichtet. Heute dagegen hören wir euch reden und reden und reden, ohne etwas zu sagen – ihr bildet Laute aus Luft, um eine Leere zu füllen ... Aber keiner von euch versteht die Herzen seiner Mitmenschen so gut, wie er eigentlich könnte. Viele Naturvölker (zu denen natürlich auch ihr gehört) wissen noch um die magischen Kräfte ihrer Haare.

In Lemurien waren Haare so etwas wie Empfänger ... Damit konnte man Informationen aufnehmen, die von weither kamen, und jede einzelne Haarsträhne konnte sich entfalten und ein Eigenleben führen. Doch infolge eurer tragischen DNA-Inaktivierung ist diese Fähigkeit, Botschaften zu empfangen, nun erloschen!

Erst wenn ihr wieder mit dem Meer und der Küste und jenen Geschöpfen in Kontakt zu treten beginnt, die in zwei Welten schwimmen und atmen, könnt ihr die Mitteilungen aller Menschen und Lebewesen »verstehen« – ohne die vielen Wörter, die ihr so gern immer und immer wieder gebraucht. Dann kann eine sofortige Empathie und Transparenz entstehen; ihr könnt alles »sehen« – alles kann wie ein offenes Buch vor euch liegen, alles Wissen kann euch zugänglich sein. In eurer früheren Existenz als Lemurer »spracht« ihr stets ohne Worte, einfach nur durch eure Energie. Die Lemurer konnten Botschaften auf telepathischem Weg über große Entfernungen senden und waren oft über ein silbernes Energieband miteinander verbunden, das vom Solarplexus zu den Energiesystemen der anderen Lebewesen hinüberfloss. Diese »Kabel« konnten sich über kilometerweite Entfernungen miteinander verschalten – selbst über Ozeane, Kontinente, Sonnensysteme und Galaxien hinweg. Haare, Körperbehaarung, Haut und Organe – bei den Lemurern war jede Zelle sensitiv und auf ihr Umfeld eingestimmt. Doch sie empfanden diese intensive Vernetzung nicht als erdrückend, wie es für euch heute wäre, wenn ihr in eurem täglichen Leben mit allen Menschen in eurer Umgebung auf diese Weise vernetzt wärt – nein, in Lemurien entstand dadurch ein Gefühl der Fülle, Liebe, Zufriedenheit und Verbundenheit.

In deinem jetzigen Leben kehren diese uralten Fähigkeiten, die du einst besaßest, wieder zu dir zurück.

Du beginnst nun feinstoffliche Energien zu erfassen und zu verstehen, kannst Auren sehen und lesen, auf telepathischem Weg kommunizieren und manchmal sogar künftige Ereignisse voraussehen.

Umgedreht:

Ihr heutigen Menschen habt euch so sehr von den Überresten eures alten Energiesystems zurückgezogen und davor abgeschirmt – oft in dem Bedürfnis, euch zu schützen. Das führt zu einer tiefen Einsamkeit – dem Gefühl, nicht zu einer größeren Familie oder Gruppe zu gehören und keinem sinnvollen Ziel zu dienen. Um wieder zueinanderzufinden, beginnt ihr häufig zu reden. Und doch kaschiert und versteckt ihr mit euren Worten manchmal nur euer wahres Ich, verbergt euch hinter einer Fassade, weicht der Wahrheit aus. In euren Gesprächen zeigt ihr euren Mitmenschen nicht euer wahres Wesen – es sei denn, ihr kommuniziert wirklich aufrichtig mit ihnen.

Prophezeiung:

Wenn diese Karte auftaucht, gehörst du vielleicht zu jenen Menschen, die sich nicht gut durch Worte ausdrücken können, oder du bist nicht so offen für Gespräche, weil darin irgendwie nie deine tiefsten Gefühle zum Ausdruck zu kommen scheinen. Worte, durch die deine Energie hindurchscheinen kann, sind dir lieber. Viele

Menschen werden sofort in eine bestimmte medizinische Schublade gesteckt, wenn sie nicht sprechen; und das, obwohl sie in Wahrheit ständig kommunizieren – nur eben auf einer höheren Ebene, auf feinstoffliche und doch uralte Weise. Diese Leute sind energetisch offen, können im Grunde sogar sehr gut mit ihrer Umgebung kommunizieren und befinden sich in einem Zustand harmonischer Einstimmung auf Tiere, Pflanzen, Kristalle und Lieder – in dieser Welt sind sie mehr zu Hause als in der Welt des Gesprächs und der kämpferischen, konkurrenzorientierten Wendungen, die unsere verbalen Austausche so häufig nehmen. Vielleicht wirst du auch feststellen, dass du auf telepathischem Weg mit Erinnerungen in Kontakt trittst, die in Kristallen, Bäumen und an heiligen Orten gespeichert sind. Du kannst Zugang zu deinen telepathischen Fähigkeiten und deiner wahren Weisheit gewinnen, indem du zu diesen heiligen Orten, Kristallen und Bäumen Kontakt aufnimmst. Große Gewässer wie der Pazifik sind voller Energien und Erinnerungen; und du gehörst zu den Menschen, die darin »lesen« können – du sprichst die Sprache der Energie.

31. KORALLEN-WEISHEIT

Kolonie, Zartheit, Zerbrechlichkeit • Werke, die über einen langen Zeitraum hinweg entstehen

Die Meerjungfrauen singen:

O wie wir diese winzig kleinen Geschöpfe lieben, die gemeinsam Poseidons Schlösser und Grotten der Weisheit erschaffen! Ihre fein verästelten Unterwassertürme, die in Rot, Gold und den zartesten Rosatönen leuchten und für ihre Entstehung Jahrtausende von Menschenjahren gebraucht haben ... Und doch ... zerstört ihr sie. Dabei haben sie euch so viel zu bieten – ihre Heilkräfte sind so stark, und sie können uns allen helfen – auch uns Meerjungfrauen in der heutigen Zeit –, wieder mit der Vergangenheit in Kontakt zu treten, mit Atlantis und Lemurien. Sie sind eine uralte, lebendige Schatzkammer, voll von Erinnerungen, Weisheiten und kollektivem Bewusstsein – eine Schatzkammer des Lebens auf diesem Planeten.

Warum sonst hat Buddha die Koralle zu einem der sieben heiligen Schätze ernannt – er machte die Erfahrung, dass sie ihm selbst in schwierigsten Situationen seine innere Ruhe und Gelassenheit zurückgab. Warum sonst hat Poseidon die Koralle gebeten, Schlösser zu bauen, in denen das Meervolk wohnen und von denen es lernen konnte – lebendige Gebäude, lebende Tempel der Weisheit! In eurer griechischen Mythologie heißt es, dass die Koralle aus dem Blut entstanden ist, das vom abgetrennten Haupt der Medusa ins Meer tropfte. Auf diese alte Sage geht der griechische Name für die rote Koralle (Gorgeia) zurück. Die Koralle enthält also das Blut, die Energie der ältesten Lebewesen, auch wenn diese schon lange verstorben zu sein scheinen.

Eure Seeleute haben von uns gelernt, dass man durch den Schutz der Koralle die stürmische See zur Ruhe bringen kann. Danach brachten wir ihnen bei, dass die Koralle und deren Erhaltung auch dazu beitragen könnte, eure Kinder zu beschützen und eine fruchtbare Welt zu schaffen. Doch das habt ihr missverstanden und dem Ozean seine Korallen einfach entrissen. Sie werden euch so oft geschenkt, wenn die Meereswellen sie an Land spülen! Aber ihr habt begonnen, sie dem Meer wegzunehmen; als Nächstes habt ihr die Gewässer verschmutzt; und jetzt ist das Leben der Koralle bedroht! Bitte! Kauft keine im Meer geernteten Korallen, auch wenn ihr euch noch so sehr nach ihrer Schönheit sehnt! Der Ozean braucht seine Bibliotheken. Seine Tempel. Seine Schlösser der Weisheit. Bitte informiert euch über die Herkunft der Korallen, bevor ihr sie kauft. Am besten ist es, ein kleines Korallenstückchen zu behalten, das das Meer für euch an Land gespült hat. Solche Korallenteile beinhalten eine so starke Energie – und sind sogar noch kostbarer, weil das Meer sie euch freiwillig angeboten hat.

Es heißt, dass manche Meerjungfrauen den Seemännern, die sie liebten, wertvolle Korallen schenkten, um sie zu segnen, vor Meeresstürmen und vor dem Ertrinken zu schützen. Doch inzwischen ist das nicht mehr die freie Entscheidung der Meerjungfrauen – der Mensch hat die roten Korallen des Mittelmeers so rücksichtslos abgeerntet, dass es kaum noch welche gibt. Falls du ein Stück dieser bald vom Aussterben bedrohten Meerestiere besitzt, halte es bitte in Ehren, behandle es wie eine Kostbarkeit und tu etwas, um dich bei den Korallenwesen, die dich jetzt mit ihrer schönen, starken Mondblutenergie beschützen, dafür zu bedanken.

Korallen können Albträume vertreiben und uns über eine emotionale Krise hinweghelfen, indem sie uns an ruhigere Küsten führen und trübe Gewässer klären. Wir empfehlen Korallen für Menschen mit Knochenerkrankungen. (Sie haben einen unglaublich hohen Kalziumgehalt, und manche Korallenarten sind sehr hart und kräftig.) Korallen können den Gesundheitszustand deines Knochenmarks verbessern und sind eine Wohltat für Frauen jeden Alters.

Jahr für Jahr wird diese kostbare Substanz in Mengen von Land zu Land geschmuggelt, die Tausende von Dollar wert sind. Die Schmuggler verkaufen einfach die Knochen der Ozeanmutter, ohne die sie nicht leben kann. Wenn du Korallen kaufst, solltest du dich deshalb unbedingt vorher über ihre Herkunft informieren und daran denken, dich bei den Korallenriffen in irgendeiner Form für ihr kostbares Geschenk zu bedanken. Die Mutter braucht ihre Korallen nämlich zum Leben – man nennt sie oft die »Kanarienvögel des Ozeans«, weil jede Krankheit sich schon Jahre vorher bei ihnen zeigt, ehe sie die anderen Arten befällt, die im Korallenriff leben.

Umgedreht:

Du willst keine Verantwortung für die Konsequenzen übernehmen, die deine Entscheidungen für den Rest der Welt haben. Jetzt ist es höchste Zeit, dem Allgemeinwohl zuliebe etwas an deinem Verhalten zu ändern. Achte darauf, ethische Produkte zu kaufen, Waren aus fairem Handel, die auf umweltbewusste Weise hergestellt worden sind. Vielleicht widerstrebt dir das – vielleicht hast du das Gefühl, wenn etwas sowieso schon zerstört worden ist, machen deine Entscheidungen und Handlungen sowieso keinen Unterschied mehr. Aber das stimmt nicht: Jede Entscheidung, die du triffst, hat enorme Auswirkungen. Die auf dem Kopf stehende Karte könnte auch bedeuten, dass du sehr »schnell lebst«: Du erwartest, dass alles in geradezu unnatürlicher Geschwindigkeit abläuft – du lebst und denkst nur kurzfristig. Die Koralle rät dir, dein Tempo zu verlangsamen und darüber nachzudenken, welche Konsequenzen deine Entscheidungen für die nächsten tausend Jahre haben werden – kollektiv, als Mensch und als Individuum. Welches Vermächtnis hinterlässt du deinen zukünftigen Vorfahren?

Prophezeiung:

Korallen dienen euch Menschen schon von alters her als magischer Talisman, der euch schützt und verschönert. Stimme dich auf die Koralle ein.

Welche Farbe kommt dir dabei in den Sinn? An dieser Farbe erkennst du, welche Botschaften diese kostbaren kleinen Geschöpfe für dich haben!

Jede Korallenfamilie hat andere Eigenschaften, und jede Region hat eine besondere energetische Signatur. Lies die nun folgende Liste, um dich auf deine persönliche Koralle einstimmen zu können, und halte sie dann einfach in deiner empfangenden Hand.

Rote Koralle: Diese Koralle beugt Blutungen vor, unterstützt den Menstruationszyklus und eignet sich hervorragend für Frauen, die in die Wechseljahre (Menopause) kommen. Außerdem heilen rote Korallen Wunden und machen Menschen stark.

Blaue Koralle: Sie kann der Entstehung von Krankheiten vorbeugen; bringt Körper, Seele, Geist und Emotionen wieder ins Gleichgewicht.

Goldene Koralle: Diese wunderschöne, seltene Koralle bringt Glück, Reichtum und Überfluss.

Schwarze Koralle: Sie verbannt jegliche negative Energien aus deinem Körper, vor allem aus den Knochen. Außerdem helfen schwarze Korallen, Krankheiten zu vertreiben, und sie wirken sich sehr positiv auf Menschen aus, die an Osteoporose leiden.

Engelshautkoralle: Mit dieser schönen zartrosa Koralle kann man Hauterkrankungen wie Psoriasis, Ekzemen, empfindlicher Haut und empfindlichen Augen vorbeugen oder solche Beschwerden lindern. Außerdem hilft sie bei Nasennebenhöhlenproblemen und Akne und stärkt und stabilisiert die Leberfunktion.

Weiße Koralle: Reine Wiedergeburt; eine Zeit der inneren Wandlung, in der du dich verändern und neu entwickeln kannst. Bedingungslose, gütige Liebe. Man kann die weiße Koralle auch zum Programmieren und Speichern von Energien benutzen.

32. CONCHO-MANTIK

Wahrsagen mit Meeresmuscheln
Weisheit der Muscheln

Die Meerjungfrauen singen:

Du bist nun dazu aufgerufen, die Kunst des Hellsehens mit Meeresmuscheln zu erlernen – eine uralte, einfache, reine und sehr wirksame Kunst.

Die Wahrsagerei mit Muscheln hat eine lange, geheime Tradition. Muscheln wie beispielsweise die schönen Kauris wurden außerdem für Fruchtbarkeitszauber verwendet – man hat sie in den Hügelgräbern alter Völker in Germanien, Wiltshire und auf den Orkney-Inseln gefunden, und im alten China wurden die göttlichen Kaiser mit neun Kaurimuscheln im Mund begraben: Das war die Währung, die sie in ihrem Leben nach dem Tod benutzen konnten. Wir wissen, dass die Menschen schon seit mindestens 50.000 Jahren heilige Rituale mit Meeresmuscheln praktizieren. Jede Muschel hat ihre eigene Geschichte, ihre eigene Energie und eine ganz besondere Botschaft.

Wenn dir diese Karte begegnet, ist das eine Aufforderung an dich: Du solltest nicht nur den Sinn und die Botschaft der Kaurimuschel (Fruchtbarkeit), des Tritonshorns (Anrufung der Ahnen), der Jakobsmuschel (Aphrodite) und der schönen Gehäuse so vieler anderer Meerestiere kennen, sondern sie auch schützen. Werde zum Wächter dieser Meereslebewesen! Die Arbeit und das Wahrsagen mit Meeresmuscheln kann uns unmittelbar mit den Energien des Ozeans, der Heilkraft des Meeres und den ozeanischen Geschöpfen in Kontakt bringen.

Sie erinnert uns an unsere tiefe Liebe zum Meer.

Umgedreht:

Bitte mache dir klar: Im Internet und auch auf Märkten kann man zwar problemlos Muschelschalen und andere Teile von Meerestieren kaufen, doch dadurch förderst du den Handel mit solchen Produkten.

Wenn eine Muschel auf diese Art und Weise misshandelt wurde – wenn Menschen den Bewohner der Muschelschalen einfach getötet und weggeworfen haben –, können wir helfen, die Muschel zu heilen und ihr unsere Liebe zu senden. Wenn du auf ethische Weise gewonnene Meeresmuscheln oder andere Produkte kaufst, verstärkst du damit den Fluss der Liebe und des Glücks in deinem Leben. Es werden zu viele Lebewesen für euch Menschen geopfert! Wenn du Muscheln sammelst, achte stets darauf, dass in den Schalen kein Meerestier mehr lebt – sie können sich nämlich sehr gut »verstecken«. Und nimm auch niemals zu viele Muscheln mit – immer nur ein paar. Denk an das Hexengesetz: »Sei gerecht im Nehmen wie im Geben« – und gib dem Meer als Dank für seine Geschenke immer etwas zurück! Vielleicht solltest du jetzt auch einmal umweltbewusste Kosmetikprodukte ausprobieren und über Möglichkeiten nachdenken, wie du die Natur ehrlich und ernsthaft respektieren kannst – nicht nur in Worten, sondern auch in deinen Taten.

Prophezeiung:

Genau wie Kristalle beinhalten auch diese schönen, lebendigen Häuser und Strukturen der Meereslebewesen Energien und Botschaften für euch.

In jedem dieser Geschöpfe schwingt eine ganz besondere Energie; und wenn ihr mit der Muschel in Kontakt tretet, sie in euren Händen haltet, ihre Eigenschaften spürt und ihre Verbindungen versteht, könnt ihr beginnen, einen Teil eurer selbst zu heilen. Denn wir sind zwar alle vollkommene, einmalige Ausdrucksformen des Gottes, der Göttin und der Natur selbst; doch gleichzeitig sind wir auch wunderschöne Kunstwerke, die sich in einem Prozess ständiger Weiterentwicklung befinden – uns allen sind viele schöne, gesunde Botschaften und heilende Energien der Natur zugänglich!

Geh einmal an der Meeresküste spazieren und sammle allen Plastikmüll und sonstige menschliche Abfälle auf, die du dort findest ... Und sobald du der Natur dieses Opfer gebracht hast, mache noch einmal einen Strandspaziergang – diesmal in der Absicht, von der Ozeanmutter und den Meerjungfrauen eine Botschaft in Gestalt einer Muschel zu empfangen. Halte die Muschel in den Händen und warte ab, was sie dir zu sagen hat – und vielleicht möchtest du sie dann nicht mit nach Hause nehmen, sondern mit einem Dank für ihre Energie und ihre Botschaft wieder an den Strand zurücklegen.

33. EXPERIMENTE

Manipulation der Natur
Veränderungen erzwingen
Grausamkeit bei der Suche nach Wissen • Überheblichkeit

Die Meerjungfrauen singen:

Wir machen uns Sorgen. Sorgen darüber, dass die alten Fehler des Stolzes, der Anmaßung und Überheblichkeit sich in diesem Zeitalter wiederholen könnten. Wir fürchten, dass jetzt wieder so schreckliche Experimente stattfinden werden wie damals in Atlantis, als die Lemurer gegen ihren Willen genetisch verändert wurden. Das versetzt uns in Angst und Sorge. Wir sehen, wie ihr Zellen verschiedener Lebewesen zusammenfügt und dadurch Lebensformen aneinanderkettet, die sich nicht dagegen wehren können; wie ihr neue Lebewesen züchtet, die ihr für nützlich haltet, neue Arten in alte Lebensräume einführt; wie ihr mutiert, genetisch verändert und dadurch letzten Endes diesen Geschöpfen, euch selbst und eurem Planeten Schaden zufügt! Solche Experimente – an Tieren, an Meereslebewesen, die ihr jagt, und auch an Menschen – sind nichts weiter als Machtausübung und Sklaverei ... Ihr verändert die Gestalt eines Menschen, lasst ihn so aussehen, als könne er niemals altern – vergrößert einen Körperteil und schneidet dafür woanders etwas weg – was macht ihr da eigentlich? Und warum?

Wir möchten euch nun dazu aufrufen, eure eigene Schönheit und die Vollkommenheit aller Geschöpfe der Natur zu begreifen. Schluss mit der Grausamkeit!

Lauscht in euch hinein, schaut euch um, habt Mitgefühl! Oder wollt ihr das alles wiederholen – wollt ihr das Gesicht der Welt verändern, nur weil ihr euer anmaßendes Streben für edel haltet?

Unsere Tränen fallen unbemerkt in den Ozean. Und ihr macht weiter. Aber nicht du, nicht die Empfängerin oder der Empfänger dieser Karte. *Du* hast offen und ehrlich deine Meinung gesagt. Und wir wissen, dass du schon allein durch deine Selbstliebe, deine Güte zu Tieren und Meeresgeschöpfen, deinen Aktivismus und dein mitfühlendes Handeln eine Veränderung bewirken wirst.

Danke! Danke! Danke!

Umgedreht:

Du glaubst, dass Tierexperimente, Schönheitsoperationen, Genmanipulation und die Verneinung des Alterns etwas Gutes, Akzeptables sind. Du triffst grausame Entscheidungen, ohne einen Gedanken daran zu verschwenden, wie sie verwirklicht werden.

Dir ist nicht klar, dass Luxus oft nur durch Machtmissbrauch und Versklavung anderer Lebewesen möglich ist – all der Elementarwesen, Meermenschen, Ozeane und Meeresgeschöpfe, der Labortiere und Menschen, die den Glauben daran verloren haben, dass es auf dieser Welt gerecht zugeht ... Hast du vergessen, wer du bist? Machst du dir nur noch Gedanken um unbedeutende Dinge? Weißt du nicht mehr, was Güte bedeutet? Denk doch einmal an die überfischten Meere, die Schmerzen der gejagten Wale, die Abwässer, die in den Ozean gekippt werden, die Angelschnur, die sich um den Leib des Delfins schlingt, das Netz, das den Hai in die Tiefe zieht, die Plastiktüte, an der die Schildkröte erstickt, die zerstörten Seetangbeete und die verzweifelten Schreie der Dugongs – so hungrig. An alldem ist die Anmaßung des Menschen und der Irrglaube schuld, dass ihr unendlich viel Zeit habt und dass ihr jedes Problem lösen könnt – und zwar genau auf dem gleichen Weg, auf dem es entstanden ist! Sag nein zu Experimenten – an Tieren, an dir selbst – und glaube uns: Auch du bist ein Teil des Tierreichs. Komm zurück zu einer ganzheitlichen, ethischen Medizin. Sei wieder ganz und in deiner eigenen Natur zentriert.

Wisse, dass du wertvoll bist. Lass dir von niemandem deine natürliche Würde rauben oder dir einreden, dass etwas an dir verändert werden muss.

PROPHEZEIUNG:

Du prüfst genau, ob Lebensmittel genetisch verändert sind und ob Kosmetikprodukte und Nahrungsquellen durch Genmanipulation oder sonstige Experimente entstanden sind. Nicht alle Experimente sind »schlecht«, aber viele sind grausam. Wenn die Menschen andere Lebewesen für ihre selbstsüchtigen Zwecke missbrauchen, geht ihnen der schönste, edelste Teil ihrer selbst verloren. Viele behaupten, nichts davon zu wissen; oder man hat ihnen eingeredet, dass Tierexperimente für die Gesundheit und das Wohlbefinden des Menschen notwendig sind. Doch dir gehen jetzt die Augen auf, und du erkennst die Verbundenheit aller Lebensformen. Dir wird klar, dass es falsch ist, etwas begreifen zu wollen, indem man es auseinandernimmt – und das oft auch noch ohne Erlaubnis –, indem man Familien, Stammesgemeinschaften, Tier- oder Pflanzenkolonien aus egoistischen, grausamen Gründen auseinanderreißt. Genau das ist damals in Atlantis geschehen, als die Lebewesen Lemuriens und die Tiere oft auf Tischen seziert wurden, als hätten sie keine Gefühle – und wir Meerjungfrauen mussten das alles mitansehen.

Wir müssen einschreiten – wir alle – und dafür sorgen, dass sich daran etwas ändert. Es wiederholt sich alles. Deshalb reden wir jetzt ein ernstes Wort mit dir.

34. YEMAYA

Yemaya • Große Ozeanmutter
Ursprünglichkeit

Die Meerjungfrauen singen:

Wir möchten dir nun ein uraltes Wissen offenbaren. Die Orisha Yemaya wird oft als Meerjungfrau dargestellt – als riesige, urtümliche Meerjungfrau, von deren Kopf ein Stern herabstrahlt. Eine mächtige Meerjungfrau, aus deren Mutterschoß die ganze Welt hervorgeht. Sie erinnert uns daran, dass die Energie der Meerjungfrauen nicht einfach nur leichtlebig, kokett und sexuell orientiert ist ... Die Meerjungfrauenenergie steht für die Geburt der Welt aus dem Wasser. Obwohl unsere Macht und Energie von den Menschen so sehr vereinnahmt und geschmälert wurde, dass ihr mittlerweile glaubt, wir seien einfach nur Geschöpfe des sinnlichen Vergnügens, wächst die Macht der Yemaya, und sie erfreut sich immer größerer Anerkennung. Diese große Göttin beginnt uns alle mit ihrer Macht zu entflammen wie ein Lichtstrahl und erinnert uns an unser großes Zeitalter, unsere Kraft und die vielen, vielen Lektionen, die wir gelernt haben – sie zeigt uns, wie wir auf dieser Welt noch viel mehr erschaffen können.

Nun kehrt sie zu uns zurück, diese uralte Göttin, halb Mensch, halb Meereslebewesen – und alle Menschen werden aus ihrem Mutterleib geboren. Ihr Spiegel ist das Tor und der Eintrittspunkt in die unsichtbare Welt. Ihr Schwanz ist der Mutterschoß, aus dem wir alle entstehen. Das Salzwasser ist das Element, in dem wir alle schwerelos schweben und das dem Land Leben und Sauerstoff spendet.

Und sie hat uns alles gelehrt ... Sie hat sämtliche Meeresgeschöpfe hervorgebracht, und sie war riesengroß ... Ganze Inselketten sind nichts weiter als Schuppen an ihrem Schwanz ... Ihr Bauch ist ein Vulkan ... Und alle Glaubensrichtungen sind lediglich Variationen ihrer Existenz. Die Meerjungfrauen lieben Yemaya; sie ist das große Meeresgeschöpf, unser aller Mutter.

Umgedreht:

Du siehst das Göttliche einseitig nur als männlich oder zum Himmel hin orientiert, fragst dich, wie die Welt entstehen konnte, und hast das Gefühl, dass die Erklärung dafür nicht von dieser Erde sein kann. Du hast keinen Kontakt zur weiblichen Kraft, bist ein leidenschaftlicher Verfechter des männlichen Prinzips und möchtest Kontrolle über das Land und alles ausüben, was unter der Erde lebt. Du findest das Weibliche und die Meerjungfrauen zwar ganz nett, doch für dich sind sie eher dekorativ als stark und mächtig; du glaubst nicht, dass sie von Bedeutung sind und dass sie bei der Entstehung dieses Planeten wirklich eine Rolle gespielt haben. Du misstraust fremden Glaubensrichtungen wie der Santería-Religion oder dem Voodoo-Kult, wünschst dir eine »saubere«, präzise und klare Spiritualität, ungetrübt von kulturellem Kontext und Diversität. Du verstehst nicht, wie Yemaya sich in die Jungfrau Maria oder die Hexerin Morgan verwandeln, so viele verschiedene Gesichter haben und dabei doch immer sie selbst sein kann. Das verwirrt dich, und deshalb kehrst du dem Glauben ganz den Rücken.

Prophezeiung:

Du fühlst dich zur Archäologie der Unterwasserwelt oder der Meermenschen hingezogen, ergründest die Vergangenheit, die Urgeschichte, aber auch die Historie von Parallelwelten und Reichen, die nicht von dieser Welt sind. Du begreifst die Macht des Meeres und respektierst die zutiefst weibliche Göttlichkeit in all ihren Formen – bei Menschen, Tieren, sämtlichen Lebewesen.

Du erforschst deine eigene Kraft, um herauszufinden, was du alles entstehen lassen und fördern kannst. Du hast ein intuitives Verständnis für die Landschaft und siehst das Göttliche in der Rundung des Hügels, dem Bauch des

Berges und dem Mutterschoß des Meeres. Du entwickelst ein Interesse an Santería und Voodoo und den unscharfen Grenzen zwischen den Glaubenssystemen.

Du möchtest ursprünglicher werden, dich mit deinem Ur-Ich verbinden, auf einer sehr elementaren Ebene für dich sorgen und mit dem tieferen Ich deiner Mitmenschen in Kontakt treten, statt dich mit ihrem oft nur konstruierten sozialen Ich zu begnügen.

Dein Drittes Auge und dein Kronenchakra sind stark aktiviert; doch auch dein Sakral- und Wurzelchakra sind gut geerdet und im Fluss.

35. DIE KRANICH-TASCHE

Heilige Ozeanmedizin Unordnung • Ordnung schaffen • Freie Wahl

Die Meerjungfrauen singen:

Das *Corrbolg*, die Kranichtasche, ist ein heiliger Medizinbeutel der Ozeane. Er umschließt und schützt Gegenstände, die mit deiner Energie verbunden worden sind, die dein ureigenes Wesen symbolisieren und aus denen du bei Bedarf Energie abziehen oder in denen du welche speichern kannst. Und wir Meerjungfrauen möchten dir auch vom Ursprung dieser Kranichtasche erzählen! Die erste heilige Tasche kam aus dem Meer und wurde vom großen Meeresgott Manannan Mac Lir aus einem wunderschönen Kranich gefertigt. Dieser Kranich war einst eine Menschenfrau namens Aoife gewesen, die der Meeresgott geliebt hatte. In der ersten Kranichtasche bewahrte Manannan große Schätze auf; aus dieser Tasche gingen viele Segnungen und Wohltaten hervor. Bis zum heutigen Tag bringt die Kranichtasche uns die heiligen

Geschenke der Kunst und Musik, des Trostes und der Liebe. Symbolisch gesehen handelt es sich dabei um ein Behältnis, das die Bedürfnisse der Seele beinhaltet und aus dauerhafter Liebe gefertigt wurde. Diese Tasche kann zwar einen Hüter haben, der sie aufbewahrt, doch sie gehört niemandem. Und wir singen dir jetzt das Lied von dieser heiligen Tasche, weil sich in den Dingen, die *du* in deinen seltsamen Taschen aufbewahrst, nicht deine Seele widerspiegelt. Mit dieser Frage solltest du dich nun einmal beschäftigen: was du aufbewahrst, was du als kostbaren Schatz empfindest – und wie lange diese Gegenstände bei dir bleiben sollten.

Jede Kranichtasche hat ihre eigene Persönlichkeit, Energie und Beziehung zu dem Menschen, dem sie gehört. Sie enthält alles und nichts: Inspiration, Wissen, Weisheit. Diese Taschen kommen zu uns, verlassen uns und werden irgendwann wiedergefunden – in den Legenden wandern sie durch die Hände vieler Götter.

Diese Tradition beschränkt sich übrigens nicht nur auf die Küsten der britischen Meereskönigreiche: Denke nur einmal an die Medizinbeutel, die heiligen Taschen der Maya und Inkas, die Hirschlederbeutel der Lakota-Indianer. Ja sogar die superteuren Handtaschen unserer heutigen modebewussten Damen auf der ganzen Welt sind in gewisser Weise ihre Medizinbeutel, ihre Kranichtaschen, in denen ein Teil ihrer Seele enthalten ist – und dessen, was sie für ihre Seele halten.

Umgedreht:

Eure »Taschen« enthalten Geldbeutel, Brieftasche, Autoschlüssel, Ausweis und andere wichtige Papiere – doch verrät irgendeiner dieser Gegenstände etwas darüber, wer ihr wirklich seid? Deshalb kann die bewusste Anfertigung einer Kranichtasche euch wieder mit dem Menschen in Einklang bringen, der ihr auf Seelenebene seid, statt einfach nur für die Person zu stehen, als die eure Kultur euch definiert – denn diese Definition ist nicht unbedingt immer der ehrlichste Führer zu eurer Seele. Doch zurzeit ist dir vielleicht gar nicht bewusst, was du im wahrsten Sinn des Wortes alles mit dir herumschleppst.

Bei dir haben sich so viele physische Gegenstände in Taschen, Schubladen und Abstellräumen angesammelt, und so vieles davon hat tatsächlich Auswirkungen auf dein Energiefeld und dein Leben.

Wir Meerjungfrauen würden uns wirklich SEHR freuen, wenn du dir nun einen Augenblick Zeit nähmst und bereit wärst, diese Dinge loszulassen – einfach einmal darüber nachzudenken, dass es deine Energie erschöpfen wird, wenn du dich an eine Sache klammerst, ohne dir ihrer wahrhaft bewusst zu werden und eine Beziehung zu ihr aufzubauen.

Räume auf. Schaffe Ordnung. Lass los. Setz dein Leben neu zusammen. Gib ihm einen Sinn. Und wenn du mit einem Gegenstand nichts mehr anfangen kannst, musst du ihn an jemand anderen weiterverschenken.

Prophezeiung:

Kranichtaschen beinhalten starke heilende Kräfte und Energien; vielleicht ist es nun an der Zeit, dich nach den heiligen »Zutaten« umzuschauen, die deine Kranichtasche dazu bringen könnten, ihr magisches Lied zu singen. Es wird Zeit, Kleiderschränke, Taschen, Geschirrschränke und andere Räume zu durchforsten, in denen du Gegenstände aufbewahrst, die dir keine Kraft schenken, sondern dich vielleicht sogar schwächen. Mach endlich Ordnung und denke darüber nach, welche Dinge mit dem wahren Wesen deiner Seele in Einklang stehen – was davon wirklich den Menschen repräsentiert, der du bist. Vielleicht musst du dich von manchen Objekten trennen, sie umverteilen oder recyceln. Alles hat seinen Zweck und seine Schönheit, aber manche Dinge stimmen energetisch vielleicht einfach nicht mehr mit dir überein – sie passen nicht mehr zu dir und deiner schönen Seele! Und vielleicht wirst du auch das Gefühl haben, dafür stattdessen einige andere Objekte und Symbole in dein Leben hineinholen zu müssen! Beginne die Welt als lebendige Kranichtasche zu sehen – alle Menschen, Lebewesen und Gegenstände, sogar dein Auto, dein Zuhause (und ja, auch deine Handtasche) beinhalten Kraft und Energie!

Also durchforste alles – von deinen Hosentaschen bis zum Portemonnaie. Mach dir bewusst, was du auf energetischer Ebene alles aufbewahrst. Und dann verändere etwas daran, bring die Dinge in eine neue Ordnung und spüre das Gefühl der Leichtigkeit, das dich dabei überkommt.

36. AUSZEIT

Gewahrsein • Versenkung Abgeschiedenheit • Zeit für dich allein

Die Meerjungfrauen singen:

In unserer Meerjungfrauenwelt hat jede Seele Zeit, zu beobachten, nachzudenken, zu sein, abzuwägen, wie sie leben möchte, und ein bewusstes, wohlüberlegtes Leben zu führen – aber ohne Lügen und Manipulationen. Ja, es gibt Freude, Glück, Anmut und Spiel – doch wir sind sehr gesellige Lebewesen ... Und manchmal müssen wir ganz einfach allein sein, sonst laufen wir Gefahr, uns nur noch in unserer Beziehung zu anderen zu sehen. Auch du bist jetzt an diesem Punkt angelangt. Was andere Menschen denken, wie sie dich sehen, dein Arbeitsplatz, deine Heimatstadt, deine Familie, sie alle haben dich in vielerlei Hinsicht beeinflusst – aber jetzt ist es an der Zeit, zu erkennen, wer du bist, wenn nichts zwischen dir und deiner eigenen Seele, deinem Verstand, Körper und Geist steht. In dieser neuen Welt gibt es vieles, worüber du nachdenken musst – wie kann man mit der Körperlichkeit leben? Was bedeutet die sinnliche Welt? Wie kann man damit leben und etwas daraus lernen? Wie können wir uns abgewöhnen, zu denken und immer alles fein säuberlich in Schubladen einzuordnen? Wie können wir alle Bestandteile unseres Lebens ineinander integrieren? Wie diejenigen belohnen, die uns geholfen haben? Worin besteht der angemessene Dank für den Reichtum, den die Erde uns geboten hat?

Umgedreht:

Du hast das Gefühl, immer Menschen um dich haben zu müssen – dass du ohne andere Leute, mit denen du reden und »etwas unternehmen« kannst, kaum existierst. Du brauchst von deinen Mitmenschen die Bestätigung, dass du liebenswert bist, und suchst ständig Kontakt zu anderen – allein langweilst du dich, fühlst dich einsam und kannst dich auf nichts konzentrieren. Kontaktfreudig zu sein, ist etwas Wunderbares; aber nicht allein sein zu können, ist ungesund und ein Zeichen dafür, dass es an dir vielleicht irgendeine Seite gibt, der du nicht ins Auge sehen möchtest – dass du nach Ablenkung suchst. Du trägst ungelöste Probleme und Schmerzen in dir; deshalb flüchtest du dich von einem geselligen Anlass in den anderen. Du ersetzt Leute durch ... Leute.

Du fühlst dich zurückgewiesen, wenn du allein bist – irgendwie kommt dir die Gesellschaft von Tieren und der Natur weniger »wertvoll« vor als die der Menschen. Du schneidest dich vom Fluss der Energie und der Gemeinschaft ab, den die ganze Welt dir bietet.

Prophezeiung:

Wenn diese Karte eine Zeit lang dein Begleiter sein möchte, solltest du dir überlegen, was du wirklich denkst, fühlst, glaubst und weißt – und zwar, indem du dir etwas Zeit für dich selbst nimmst, ohne MENSCHEN – denn du kannst nie wirklich allein sein. Deine Lebenserfahrung hat dir bereits tiefe Weisheiten vermittelt. Nun ist es an der Zeit, dich von allem Künstlichen, allen Widersprüchen zu befreien und bis ins Mark der Lektionen vorzudringen, die du bisher in diesem Leben gelernt hast – und das findest du an keiner menschlichen Küste, sondern nur in der tiefen Stille des Meeresstrandes. Die jetzige Lebensphase könnte eine gute Gelegenheit für dich sein, ruhiger zu werden, mehr auf deine eigenen Gedanken zu hören, deine Reaktionen zu beobachten und zu erkennen, wie du inmitten von allem, was ist, die Botschaft deiner individuellen Seele verkündest.

Wenn uns klar wird, dass wir geliebt werden und für uns gesorgt wird, dass wir Kinder dieses Planeten und der Sterne sind, brauchen wir vielleicht nicht mehr zu kämpfen, um unser Überleben zu sichern.

Wir alle sind unseren Mitmenschen gegenüber Rechenschaft schuldig. Trotzdem müssen wir uns unsere eigene Souveränität bewahren.

Indem du dir eine Auszeit nimmst, in der du ganz allein bist, gibst du dir deine eigene Stimme und Vision zurück und kannst beginnen, Verständnis und Mitgefühl für die verschiedenen Stimmen zu entwickeln, denen wir ein Zuhause gegeben haben, die uns aber vielleicht gar nicht gehören. Du könntest zum Beispiel ein Ritual praktizieren, um deine Zeit des Alleinseins zu feiern. Oder zur Abwechslung einmal Dinge ausprobieren, die du normalerweise nicht tust – wenn du dir eine Auszeit von deiner Arbeit gönnst, könntest du dir beispielsweise vornehmen, 24 Stunden lang nicht zu sprechen – von einem Sonnenuntergang bis zum nächsten. Schau der Sonne beim Auf- und Untergehen zu, geh am Strand spazieren und lass dabei kein Wort über deine Lippen kommen.

Du darfst beobachten, aber nichts aufschreiben.

Du darfst innerlich klar werden und wieder zuhören lernen. Dabei werden Gedanken in dir aufsteigen.

Du darfst dich in der Natur aufhalten.

Du darfst wiedergeboren werden.

Du darfst für dich allein sein und nachdenken.

37. VISIONEN

Medial empfangene Bilder
Hellsichtigkeit • Sehertum
Astralreisen

Die Meerjungfrauen singen:

Wir Meerjungfrauen erledigen einen großen Teil unserer Arbeit, unserer spirituellen Arbeit, bei Mondschein. Im Licht des Mondes erkennen wir so viel mehr von den Dingen, die sich im energetischen Raum anderer Lebewesen abspielen, und können die verschiedenen Schichten unseres Energiefeldes sehen.

Wir bemerken Lecks und auch Stellen, an denen die Energie stark verdichtet ist, fast wie eine wulstige Narbe, die sich als Schutzschicht über eine Wunde gelegt hat. Wir sehen, was wir langsam und vorsichtig entfernen und woran wir arbeiten müssen; denn im blauen Licht des Mondes treten Bereiche allzu intensiver Energie, Lecks und Risse im Energiefeld klar und deutlich zutage.

Wir Meerjungfrauen haben oft Visionen von fernen Orten. Dann können wir unsere Energie ausdehnen und auf die Reise schicken, in Gegenden, die wir, in eurer Zeit gemessen, nicht einmal innerhalb von Wochen erreichen könnten – nicht mit den schnellsten Strömungen, ja nicht einmal in einem Golfstrom.

Und doch können wir innerhalb weniger Sekunden bei euch sein, egal, an welchem Ort der Welt ihr euch aufhaltet, weil wir energetisch reisen können.

Wir müssen zur Quelle, zum Ozean zurückkehren, und dabei bewegen wir uns physisch gar nicht aus diesem Raum fort ...

Wie könntet auch ihr leichter reisen und hellsichtiger werden, euch energetisch fortbewegen und dabei doch ein solides Zuhause in eurer physischen Gestalt haben?

Umgedreht:

Du lehnst blitzartige Erkenntnisse und Visionen, die in Form von Fantasien oder Vorstellungen in dir aufsteigen, ab, weil du das Gefühl hast, sie könnten trügerisch und gefährlich sein. Du schiebst Visionen entweder beiseite und willst sie nicht anschauen; oder du nimmst sie zu genau unter die Lupe und hältst sie für etwas ganz Besonderes, was sehr aufmerksam betrachtet und endlos analysiert werden muss – auch das ist keine ausgewogene Haltung.

Jetzt ist es an der Zeit, deine jähen Einblicke und die Augenblicke, in denen du mit deinen nicht-körperlichen Augen siehst, einfach ruhig und gelassen zu vermerken.

Prophezeiung:

Wenn du mit dem Mond in Kontakt trittst, wirst du dich eher wieder ganz fühlen – stärker auf die Kreisläufe der Welt eingestimmt –, und die Ängste, mit denen du bestimmte Probleme in deinem Leben bisher vielleicht betrachtet hast, werden verblassen. Dann erlaubst du dir, mit deinen psychischen Augen zu sehen. Du wirst über die Dinge sprechen, die du siehst, und du und dir nahestehende Menschen werden das nicht ungewöhnlich oder verschroben finden oder für bloße Ausgeburten deiner Fantasie halten; nein, sie werden Vertrauen zu deinen Visionen haben, sie akzeptieren und ihnen auf den Grund gehen. Diese blitzartigen Erkenntnisse werden dir nicht im Schlaf kommen, also sind es keine Träume; sie können sogar in dir aufsteigen, wenn deine physischen Augen geöffnet sind ...

Du musst dich einfach darauf einstellen, dass du mehr als nur ein einziges Sehvermögen hast, und das als energetische Wahrheit akzeptieren.

Und du wirst diese Filme, die das Göttliche im Bündnis mit dem Auge deiner Seele dir vorführt, bald verstehen und mühelos deuten können.

38. GEISTFÜHRER

Führer oder Mentor
Vertrauenswürdiger Verbündeter

Die Meerjungfrauen singen:

Uns ist aufgefallen, dass dich bei der Arbeit mit Geistführern deine spirituellen Lehrer oft dazu ermuntern, diesen unsichtbaren »Gurus« dein ganzes Vertrauen zu schenken. Manchmal lohnt sich das tatsächlich – doch sie müssen dir Kraft geben und dürfen niemals dein Denken oder deinen Willen übernehmen wollen! Wir raten dir, Fragen zu stellen, zu beobachten und die Anregungen, die deine Geistführer dir bieten, genau zu prüfen. Es gibt Führer von hoher spiritueller Qualität, aber auch solche, die von ihrer Schwingungsfrequenz her nicht unbedingt zu dir passen; und wir Meerjungfrauen mussten schon zu oft mitansehen, wie Menschen von ihrer Fähigkeit, jemandem bedingungslos zu vertrauen, überwältigt und erdrückt wurden. Auch wir müssen manchmal erst mit anderen diskutieren und uns vergewissern, weil wir unser Vertrauen oft bereitwilliger verschenken, als klug ist! Sei dir darüber im Klaren, dass dein Geistführer oder deine Geistführerin vielleicht nicht mit dir einig sein wird – vielleicht stellt er oder sie dich vor große Herausforderungen, genau wie der Ozean mit seiner Kraft und seinen Gezeiten, seinen Wellen und reißenden Strömungen! Doch oft lernst du gerade aus solchen Herausforderungen! Achte einfach nur darauf, dass deine Geistführer nicht an deiner Energie zehren und dir deine geistige, emotionale und spirituelle Unabhängigkeit rauben. Lausche bei jeder Botschaft deines Geistführers und nach jeder Sitzung mit ihm genau in dich hinein und frage dich, wie du dich fühlst; und wenn du im Zweifel bist, nimm dir lieber erst einmal Zeit zum Nachdenken.

Wenn du willst, können wir dir helfen, indem wir dir einen Geistführer schicken, und zwar über das Wasser, über deine Gefühle. Und weil wir gerade vom Wasser sprechen – achte immer auf deine emotionalen Reaktionen und handle danach! Wenn der Führer gekommen ist und du Vertrauen zu ihm entwickelt hast, kann er dich zu uns führen, nach Lemurien, nach Atlantis, auch in die schöne versunkene Stadt Ys und viele andere Wasserwelten.

Das ist die Magie der geistigen Führung.

Umgedreht:

Du bist dir nicht sicher, ob es so etwas wie Geistführer überhaupt geben kann; oder du hältst diejenigen für deine Führer, die man dir eingeredet hat, ohne selbst zu überprüfen, ob es auch die richtigen sind ... Jetzt ist es höchste Zeit, dich von einer Form der Führung zu verabschieden und eine andere in dein Leben treten zu lassen – einen Geistführer, bei dem du das Gefühl hast, ihn gegen keinen anderen mehr eintauschen zu wollen. Du meinst, dass Geist und Emotionen nichts miteinander zu tun haben, wünschst dir einen Geistführer, der ein ganz bestimmtes Aussehen hat oder dir ein bestimmtes Gefühl vermittelt, statt ihn einfach er selbst sein zu lassen. Du willst die Zeiten, in denen du selbst als Meerjungfrau im Wasser lebtest oder in Atlantis und Lemurien, Lyoness oder Ys zu Hause warst, nicht ergründen; doch dein Wassergeistführer möchte, dass du diesen Teil von dir selbst besser kennenlernst.

Prophezeiung:

Wenn diese Karte auftaucht, verkündet sie dir, dass jemand auf dich zukommen wird, dem du vertrauen kannst. Ein Geistführer möchte in heilenden Kontakt mit dir treten. Diese Führer sind äußerst liebevoll und hilfsbereit; und obwohl jeder seine eigene Persönlichkeit hat, sind sie alle wie kühles, klares Wasser, voll bedingungsloser Liebe, warmherzig und sehr hilfreich, wenn es darum geht, deine menschliche Erfahrungswelt immer wieder aufs Neue zu korrigieren und zu verbessern. Sie haben eine innere Beziehung zu dir.

Mach dich darauf gefasst, dass deine medialen Fähigkeiten gefordert sein werden.

Vielleicht wirst du feststellen, dass du Ballast in Form übermäßig komplizierter und machtorientierter Glaubenssysteme von dir abwirfst. In der Einfachheit wirst du alle Anregungen finden, die du brauchst; und du wirst dabei geistig wacher sein als je zuvor.

Du bist jetzt stärker geerdet und innerlich reicher – mehr du selbst als jemals zuvor. Doch sei dir, während du eine Beziehung zu deinem Geistführer aufbaust, auch der Tatsache bewusst, dass andere Menschen das vielleicht merkwürdig finden werden. Lausche immer wieder in dich hinein – vielleicht hält dein Geistführer sich lange Zeit oder sogar für immer bei dir auf, vielleicht auch nur ganz kurz. Aber versenke dich niemals so sehr in die Realität dieses Geistführers, dass du deine eigene Heimat darüber vernachlässigst. Echte Geistführer bringen uns in eine tiefere Beziehung zu unserem Planeten, zu den Ozeanen und ihren Geschöpfen, und wecken in uns den Wunsch, intensiver im Jetzt und Hier zu leben.

Bei diesem Gefühl der Verbundenheit unterstützen sie uns voll und ganz. Sie fordern uns niemals auf, »fortzugehen« oder auch nur daran zu denken, solange unsere Zeit noch nicht abgelaufen ist. Sie bringen uns ganz in die Gegenwart hinein, helfen uns, die Vergangenheit zu erkennen und uns immer weniger daran festzuklammern. Geistführer haben eine sehr heilende Wirkung und heben unsere Energie auf eine Ebene höchster Vitalität empor – bis wir das Gefühl haben, vor Liebe überzufließen.

39. VERLETZLICHKEIT

Öffne dein Herz • Erlaube dir, empfindsam und zärtlich zu sein

Die Meerjungfrauen singen:

Das ist das Dilemma des modernen Menschen, so weit wir es erkennen können: Ihr habt ein enormes Bedürfnis danach, keine Schmerzen zu fühlen oder allem aus dem Weg zu gehen, was zu seelischem Leid führt ...

Und doch ist es eine eurer größten Gaben, für solche Gefühle anfällig zu sein. Eure Verletzlichkeit ist etwas Schönes, und wir fühlen uns dazu hingezogen – dennoch empfindet ihr sie so oft als töricht oder peinlich und tut euer Bestes, um sie zu verbergen – als ob ihr fürchtet, schlecht behandelt zu werden, einfach nur deshalb, weil ihr offen, vertrauensvoll, liebesfähig und gütig seid.

Aber wie reizvoll und anziehend diese schönsten aller menschlichen Eigenschaften doch sind!

Umgedreht:

Du errichtest Mauern um dich herum und hast starke Verteidigungsmechanismen aufgebaut, um Erfahrungen aus dem Weg zu gehen, die du als verletzend empfindest. Du schützt dich selbst, indem du dich distanziert, gleichgültig und gefühllos gibst oder es vielleicht sogar irgendwie schaffst, deine Gefühle abzublocken. Normalerweise gelingt dir das am besten, indem du deine Mitmenschen auf Armeslänge von dir fernhältst und nicht unmittelbar auf das Ziel deiner Wünsche zustrebst, sondern dich mit Situationen und Leuten zufriedengibst, von denen du meinst, dass sie weniger Macht über dich haben. Indem du um Träume von vornherein einen großen Bogen machst und nicht einmal versuchst, sie zu manifestieren. Oder indem du nur durch andere Menschen lebst, die du als deine Stellvertreter vorschiebst – lieber »hart« bist und dabei doch unterschwellig immer noch Schmerzen und Verletzungen fühlst. Du hast beschlossen, dass es besser ist, allein zu sein, als Schmerzen zu leiden, kritisierst deine Mitmenschen so streng, dass sie überhaupt keine Chance bei dir haben, und hast an jedem etwas auszusetzen. Du willst um jeden Preis deinen Willen durchsetzen, lässt dich von niemand anderem beeinflussen und bist auch nicht bereit, etwas von anderen Menschen zu lernen. Irgendwie fühlst du dich wie ein einsamer Wolf; und das kann zu Bitterkeit, Zynismus, Skepsis und Misstrauen führen – so dass du Zuneigung und Annäherungsversuche grausam zurückweist.

Prophezeiung:

Wir alle brauchen und sehnen uns zutiefst nach dem Gefühl des »Dazugehörens«. Das ist ein ganz normales, ursprüngliches Bedürfnis, das zu unseren Überlebensinstinkten gehört; denn wenn wir in früheren Zeiten aus unserer Stammesgemeinschaft ausgestoßen wurden, dienten wir entweder den Wölfen zum Fraß oder wurden in unserem Einsiedlertum stark und weise. Diese Herausforderungen und heldenhaften Reisen ins eigene Innere sind die Schlüssel zu innerer Stärke und dem Gefühl der Zugehörigkeit zu Allem, was ist. Und was das alles so schön und heroisch macht, ist die Tatsache, dass unsere Kommunikation mit anderen Menschen uns genauso verletzen kann wie unsere Distanz zu ihnen. Du bist jetzt aufgefordert, dich zu öffnen, eine Zeit lang Vertrauen aufzubauen und den anderen deine Wunden und deine seelische Verletzlichkeit zu zeigen. Du bist stark und überlebensfähig – aber gleichzeitig auch zart und zerbrechlich.

Eine tiefe, intime Verbindung zu anderen Menschen kann nur dann entstehen, wenn wir tief innerlich begreifen, wer wir sind, was wir an uns selbst ablehnen und nicht mögen – und all diese Dinge, die wir gewaltsam von uns abgespalten haben, dann wieder nach Hause zurückholen und gesundpflegen. Das kann eine Therapie, eine psychologische Beratung und tiefe Verletzlichkeit erfordern. Die Macht dieser Verletzlichkeit besteht darin, dass du dadurch den Durchbruch ins Reich der Freiheit und

Selbstliebe schaffst und andere Menschen mit deinem offenen Herzen anziehst. Vielleicht wird dieses Thema bei dir immer wieder einmal auftauchen – es zieht sich wie ein roter Faden durch dein Leben.

40. VERLANGEN

Sehnsucht nach jemandem
Unerwünschte Trennung • Sich nach dem Partner verzehren

Die Meerjungfrauen singen:

Auch wir hatten schon oft Sehnsucht – nach so vielen Menschen, Dingen, Erfahrungen, die uns nicht bestimmt sind. Meerjungfrau zu sein, bedeutet, uns kopfüber ins Leben zu stürzen und nicht zu begreifen, wie es ist, ihm so gleichgültig gegenüberzustehen. Ja: Genau wie die kleine Meerjungfrau aus euren Geschichten haben auch wir manchmal Dummheiten begangen, Kompromisse geschlossen und Schmerzen gelitten, wenn wir uns in ein Leben oder einen Ort verliebten, den wir in unserer jetzigen Gestalt nicht wirklich erleben können. Meerjungfrau zu sein, bedeutet zu FÜHLEN – ohne die Werturteile und die Logik, deren ihr euch so oft bedient. Wir wurden aus dem Wasser geboren und leben in diesem Element, in der Psyche, der Welt der Emotionen – und wir sind förmlich verliebt darin, unser ganzes

Potenzial zu erleben. Und manchmal hat uns das eben auch Schmerzen gebracht. Wir wissen, dass dieses Sehnen und sich Verzehren uns manchmal sogar umbringen kann – und euch Menschen auch. Deshalb kommen wir jetzt zu dir. Wir wissen, dass auch du diesen Schmerz fühlst, dieses Begehren, dieses Verlangen – als dehne deine Seele sich so weit aus, bis sie das Gefühl hat, sich von dir zu lösen und auf die Suche nach dem Ziel deiner Sehnsüchte gehen zu können ... Aber wir sind auch hier, um dir zu sagen, dass dieses Gefühl vorübergehen wird – dass du einen Durchbruch erleben kannst und dass deine Fähigkeit, zu fühlen, zu lieben, zu heilen und anzubeten, dann immer stärker physisch wird.

Wenn du das spürst, wirst du vielleicht an deiner Realitätsbezogenheit und an allem zweifeln, was ihr als »gesunden Menschenverstand« bezeichnet. Dieses Verlangen ist etwas sehr Tiefes, Schmerzhaftes – es entsteht, wenn zwei Seelen, die ihre Energie, ihr Schicksal und ihre Bestimmung sehr intensiv miteinander verbunden haben, voneinander getrennt werden und nicht wissen, wann sie wieder zusammen sein werden. Das ist etwas ganz Natürliches. Geschöpfe des Meeres und des Waldes erleben es – und du auch. Der Schmerz geht vorbei.

Und wenn das Schicksal will, dass eure Sehnsucht euch wieder zueinanderführt, wird es so sein. Wir kennen dieses Gefühl. Wir trösten dich. Entweder du kennst seine Schönheit – oder du kennst es gar nicht.

Umgedreht:

Du tust so, als mache es dir nichts aus, von jemandem getrennt zu sein, der dir sehr viel bedeutet. Du gibst vor, keine großen Gefühle zu haben und dir keine Gedanken um den Ausgang der Situation zu machen – ob ihr nun zusammenbleiben könnt oder getrennt werdet.

Du spürst eine gewisse Distanz zu allem – als ob Menschen und andere Lebewesen kommen und gehen könnten, ohne dass dir jemand unter die Haut geht oder den Weg in dein Herz findet. Vielleicht hat sich ja auch ein kunstvoller Schild um dein Herz herum gebildet, oder dir ist bisher einfach noch niemand begegnet, zu dem du eine tiefe Beziehung aufbauen konntest. Dich auch dann glücklich, zufrieden und innerlich stark zu fühlen, wenn die Menschen, die du liebst, nicht bei dir sind, ist durchaus ein Zeichen innerer Ausgeglichenheit.

Aber es gibt einen Unterschied zwischen dieser Haltung und jemandem, der kaum eine oder gar keine Verbindung zu seinen Mitmenschen spürt – als befänden die anderen und ihre Emotionen sich in weiter Ferne. Manchmal liegt die Schönheit von euch Menschen nämlich gerade in der Innigkeit eurer Beziehungen und in eurer elementaren Leidenschaft, in der Fähigkeit, euch eng ineinander zu verflechten.

Natürlich muss das nicht unbedingt sein.

Niemand zwingt dich dazu. Aber vielleicht solltest du doch einmal darüber nachdenken ...

Hast du jemals einen anderen Menschen wirklich vermisst? Hast du dich je gefragt, wie es sein könnte, jemanden so tief zu lieben, dass du dein ganzes Leben mit ihm verbringen möchtest? Das könnte für dich in deiner jetzigen Inkarnation eine lohnende Erfahrung sein.

Oder vielleicht solltest du einmal in dich hineinlauschen und dich fragen, was dir »fehlt« – und dich dann selbst so tief lieben, dass diese Liebe schließlich und endlich zu jemand anderem hinüberfließt.

Prophezeiung:

Du sehnst dich nach jemandem, dem du vielleicht noch nicht gar nicht begegnet bist; du verlangst und verzehrst dich nach einem Menschen, den du liebst und von dem du zurzeit getrennt bist; oder du spürst, wie sich zwischen dir und einer geliebten Person eine große Kluft oder Entfernung auftut – das kann eine physische Entfernung sein oder auch eine Distanz, die auf unterschiedlichen Überzeugungen und Lebensweisen beruht.

Du hast Sehnsucht nach einer Verbundenheit und Nähe, die dir momentan unerreichbar zu sein scheint – Sehnsucht danach, dass der Mensch, den du liebst, an deiner Seite ist, weil du diese Trennung keinen Tag länger ertragen kannst. Du triffst Entscheidungen, die es euch beiden ermöglichen sollen, wieder zusammenzukommen.

Du hast das Gefühl, dass dein Schicksal, deine Bestimmung deine Psyche und deine Emotionen eng mit denen einer anderen Seele verflochten hat – dass ihr beide ganz einfach zusammen sein *müsst.*

Ein Gefühl, als sei das alles »so bestimmt«.

Doch solange das nicht so sein kann, scheint es dir, als stünde dein Leben unter einem schlechten Stern.

Dabei lassen sich die Umstände ändern, wenn beide dazu bereit sind. Du sehnst dich danach, mit jemandem zusammen zu sein, sogar über dieses Leben hinaus – und solange das nicht geht, bist du nicht zufrieden.

41. SCHWESTERN-SCHAFT

Freundschaft, Verbündete Seelen, die zueinander passen Loyalität, Freude, Entzücken

Die Meerjungfrauen singen:

Wir Meerjungfrauen sind oft wie Schwestern – wir wachsen miteinander auf, entwickeln eine sehr enge Beziehung zueinander und knüpfen Freundschaften, die uns trösten, leiten, inspirieren und unseren Horizont erweitern! Unsere Familie ist äußerst groß, und wir sind nie einsam, weil wir dazu neigen, in sippenähnlichen Gruppen zusammenzuleben. Und da es in unseren Augen keine Trennung zwischen uns Meerjungfrauen und anderen Meereslebewesen gibt, knüpfen wir auch ein enges Band zu Delfinen, Dugongs, Schildkröten, ja sogar zu den stillen Meeresschnecken! Wenn wir in Gestalt dieser Karte zu dir kommen, wollen wir dir mitteilen, dass auch du bald deine Sippe finden wirst! Du wirst neue Freundschaften schließen, die dir wie eine Familie vorkommen – und einige Freundschaften, die du in der Vergangenheit geknüpft hast, werden vielleicht lockerer werden und sanft und friedlich von dir abfallen. Du veränderst dich nämlich gerade, wirst deinem wahren Wesen gerechter – und das finden wir gut. Eine Nebenwirkung dieser Ehrlichkeit, Authentizität und Treue zu dir selbst besteht darin, dass die Menschen, die dich zu kennen glauben, sich jetzt fragen, ob du wirklich noch du selbst bist ... Wisse, dass die neuen Freundschaften, die du jetzt knüpfst, tiefe Bande sind und dich in ein enges Beziehungsnetz einbinden werden; und diese Beziehungen werden von Flexibilität und Verständnis geprägt sein. In diesem neuen Freundeskreis wirst du dich so fühlen, als seist du endlich nach Hause gekommen; diese Schwesternschaft wird dir ein echtes Gemeinschaftsgefühl geben – du wirst dich viel weniger isoliert fühlen als bisher. Also halte bitte Ausschau nach Gelegenheiten, neue Freundschaften zu schließen. Sei offen, geh auf andere zu – und räume deinen Kontakten zu anderen Menschen Zeit und Raum ein. Das ist eine wundervolle Chance, dich mit schönen Seelen zu verschwistern – und wir werden dir dabei helfen, diese Menschen kennenzulernen! Es ist Zeit, dass du endlich deine Familie findest und dich von deinen Schwestern und Brüdern, deiner Verwandtschaft unterstützt fühlst.

Du bist nicht allein – und du bist so liebenswert!

Umgedreht:

Du gehst jetzt auf andere Menschen zu, um neue Freundschaften zu schließen und bereits bestehende freundschaftliche Beziehungen, die dir besonders wichtig sind, zu vertiefen. Das kann auch dazu führen, dass ein paar frühere Freunde aus deinem Leben verschwinden werden. Dieser Prozess wird dich vielleicht sehr belasten und deine Integrität auf die Probe stellen, denn viele weniger hochentwickelte Menschen treiben immer noch ihre Machtspielchen: Sie versuchen andere zu manipulieren und sich die Beziehungen zu sichern, die sie brauchen, um Angst und Einsamkeit von sich fernzuhalten, statt an sich zu arbeiten. Das kann dazu führen, dass diese Leute dich verteufeln oder zu sich herüberzuziehen versuchen; und es kann dir auch Schuldgefühle einflößen.

Also akzeptiere dein Mitgefühl und lass dir bei deinen Entscheidungen ruhig soviel Zeit, wie du brauchst; aber lass dich nicht durch Wutausbrüche und andere manipulative Verhaltensweisen narzisstischer Menschen beeinflussen, die dramatische Szenen lieben.

Prophezeiung:

Ein neu entdecktes Zugehörigkeits- und Gemeinschaftsgefühl gegenüber Menschen, die mit dir seelenverwandt sind. Dieses Gefühl muss dich nicht unbedingt zu Personen hinziehen, die du schon in vielen früheren Leben gekannt hast – es soll dich lediglich in enge, liebevolle Beziehungen zu Menschen einbinden, die auf einer ähnlichen energetischen und evolutionären Stufe stehen wie du. Dadurch wird deine persönliche Entwicklung sich sehr bald beschleunigen, denn jetzt bekommst du Anregungen von anderen.

Diesmal wirst du nicht das Gefühl haben, andere Menschen zu führen und dauernd etwas reparieren zu müssen – diesmal wirst du selbst geführt und hast die Möglichkeit, deinen Horizont zu erweitern.

Das werden gesunde, heilsame Beziehungen sein, die dir Freude machen und von Freiheit, gleichzeitig aber auch von großer Loyalität und intensivem Engagement geprägt sind. Dabei kommt kein Material aus früheren Leben ans Tageslicht; du bist jetzt einfach bereit, deinen Seelenverwandten zu begegnen.

Die Meerjungfrauen werden dafür sorgen, dass ihr euch trefft – und zwar auf interessanten, manchmal auch ungewöhnlichen Wegen.

42. KRAFTWELLE

Eine Woge der Macht
Energetischer Aufschwung
Aufregende Entwicklung

Die Meerjungfrauen singen:

Es gibt Zeiten, in denen wir – wie ihr es nennt – einfach »mit dem Strom schwimmen«. Wir lassen uns treiben und überlassen der Großen Mutter die Führung. Und es gibt Zeiten, in denen wir aus Leibeskräften paddeln und auf einer riesigen Ozeanwelle reiten, mit ihrer Macht und Stärke eins werden und uns von ihr vorwärtstragen lassen. Wenn wir auf eine dieser Kraftwellen stoßen, fühlen wir uns so inspiriert, so lebendig, euphorisch und triumphierend, dass wir das Gefühl haben, alles tun und sein zu können. Dann beginnen wir mit dieser Energie zu arbeiten; und wir nutzen nicht nur die Stärke der Welle, sondern auch unsere eigene Kraft. Dann können wir weite Strecken zurücklegen und dabei doch im Gleichgewicht bleiben, vor purer Lebensfreude schreien; und wir wissen, dass wir eine Richtung einschlagen können, die mit der großen Kraft der natürlichen Energie im Einklang steht. Wenn du diese Karte empfängst, sollst du wissen, dass sich gerade eine große, mächtige Energiewelle aufbaut – du musst sie aufspüren, entdecken, dich auf sie zubewegen, die richtige Stelle zum Abheben finden und dann aus Leibeskräften paddeln, damit die Welle deine Verbündete wird und dich mit sich trägt! Das erfordert Mut. Zögere nicht! Und lass dich nicht einfach von der Welle überrollen!

Jetzt ist nicht der richtige Zeitpunkt für Trägheit oder um dir zu sagen: »Es kommt, wie es kommt.«

Jetzt musst du die Weichen stellen, all deine Kraft zusammennehmen und dich wirklich anstrengen. Dann kannst du auf der Welle reiten und mit ihr zusammenwirken – anmutig und kraftvoll. Sobald du diese Woge entdeckt hast, stell dich auf die Füße, so wie ihr Menschen es könnt, oder streck die Arme aus und entscheide, wo die Energie, die sich hinter dir aufbaut, dich hinführen soll.

Es IST deine Entscheidung. Diese großartige Energie darf nicht verschwendet werden!

Das ist der Augenblick, auf den du gewartet hast!

Lass ihn nicht vorüberziehen – paddle! Schwimme!

Hebe ab – in dein herrliches, selbstbestimmtes Leben!

Umgedreht:

Statt dich inspiriert zu fühlen – bereit, dich in diese große Kraftwelle zu stürzen, dir diesen Ansturm natürlicher Energie zunutze zu machen –, reagierst du vielleicht ängstlich, eingeschüchtert oder vergeudest Zeit, indem du Gründe dafür findest, warum jetzt nicht der richtige Zeitpunkt ist! Vielleicht steigen gerade all deine Ängste an die Oberfläche und drängen dich, in Sicherheit zu bleiben – und du tust einfach alles, was du kannst, um dich vor dieser Welle zu verstecken, ihr aus dem Weg zu gehen, unter ihr durchzutauchen oder so weit wegzupaddeln, dass sie dich nicht mehr erfassen kann. Oder du meinst, dass etwas so Mächtiges dir zwangsläufig Schaden zufügen wird – doch in Wahrheit sind das alles nur Ausreden. Jetzt ist es Zeit, kehrtzumachen, mit aller Kraft zu paddeln und dich in die Welle hineinzustürzen.

Überwinde deine Ängste und mach dir klar, dass sie dir überhaupt nicht dienlich sind – du hast doch schon so lange »geübt« und behauptet, nur auf diesen Augenblick zu warten! Jetzt ist er endlich da, und du kannst die Chance ergreifen! Du bist stärker und ausgeglichener und kannst viel mehr, als du denkst!

Prophezeiung:

Jetzt ist es an der Zeit, nach der Kraft natürlicher Kreisläufe Ausschau zu halten und sie zu optimieren; denn gerade baut sich eine große Welle der Kraft auf. Statt einfach nur zuzuschauen und zu beobachten, wie sie vorbeirollt, wie du es früher schon so oft getan hast, kannst du dich nun in diese Woge hineinstürzen, dich von ihr emportragen lassen und all die vielen Veränderungen, die du schon so lange anstrebst, blitzschnell durchlaufen. Dies ist eine Zeit des Triumphs, in der du die Zügel ergreifst und die Regie übernimmst, genau weißt, was du willst, und diesen Willen auch durchsetzt. Die Kraft baut sich auf und wird immer stärker. Sie wird bald bei dir angelangt sein.

Werde dir jetzt darüber klar, was du willst – denn in dieser ganz besonderen, erstaunlichen Lebensphase kannst du auf die Erfüllung deiner Träume zusteuern und Erfolg haben! Erhebe dich! Denn auch du hast Kraft – auch du bist ein Teil dieses großen Kreislaufs.

Es ist eine ganz und gar einzigartige Zeit, die du an vorderster Front miterleben solltest! Spüre, wie die Kraft in deinem eigenen Inneren genau so stark anwächst wie die Energiewelle, die auf dich zurollt – wenn beide miteinander verschmelzen, kann das eine wundervolle Zeit der Magie und des Fortschritts sein!

43. AUSDAUER

Mach weiter!

Die Meerjungfrauen singen:

Wenn eine lange Reise beginnt oder du dich auf eine Suche begibst – sei es eine Pilgerfahrt, eine Ambition, ein Wunsch oder Traum, den du in dieser Erdenwelt verwirklichen möchtest – ist das am Anfang immer sehr aufregend ... Das Unbekannte liegt noch vor dir. Und jeder Schritt, den du vorwärts gehst, erfüllt dich mit freudiger Erregung. Doch an irgendeinem Punkt der Reise werden wir alle müde – auch du. Es kann sein, dass das Terrain, in das du dich vorwagst, dir immer fremder wird. Es werden Probleme und Herausforderungen auf dich zukommen; und in diesem Augenblick haben zu viele von euch Menschen das Gefühl, dass das NICHT sein darf – denn ihr habt euch eingeredet: Wenn das wirklich alles so bestimmt ist, muss es *einfach* sein, mühelos fließen, muss es ... Na ja, eben *leicht* sein. Wir sind hier, um dir klarzumachen, dass es für alle

Lebewesen, in der sichtbaren wie in der unsichtbaren Welt, Etappen der großen Reise gibt, für die man Ausdauer, Mut und Durchhaltevermögen braucht.

Jetzt ist Engagement gefordert: die Entschlossenheit, bei deiner Aufgabe und deinem Traum zu bleiben, der feste Vorsatz, nicht aufzugeben – so lange, bis du es geschafft hast. Lass dich nicht leichten Herzens auf Abmachungen ein – wenn überhaupt, dann solltest du mit ganzem Herzen dahinterstehen. Sei bereit, auf dieser Reise innere Stärke und Beharrlichkeit, Mut und Ehrgefühl zu entwickeln. Ohne das, was du als Herausforderung bezeichnest, gibt es kein Wachstum. Wenn du dich in diese Herausforderungen hineinstürzt, sie überwindest und damit arbeitest, wirst du dadurch stärker und fähiger, deinen nächsten Traum zu verwirklichen. Ergreife beim ersten Anzeichen einer Schwierigkeit die Flucht, und du wirst ein Mensch sein, der immer nur im flachen Wasser schwimmt – einer, der sich niemals irgendwo tiefer hineinwagt und immer nur in Gegenden reist, die er schon kennt. Und daran ist vielleicht auch gar nichts auszusetzen.

Aber wenn diese Karte zu dir kommt, hast du eine Bitte an die große Ozeanmutter ausgesandt: dass du auf diese große Reise gehen, dass du eine Mission erfüllen möchtest. Also ist es jetzt höchste Zeit, Durchhaltevermögen zu entwickeln. Engagiere dich für dein Ziel. Übe. Trainiere! Auch wir tun das, obwohl du meistens nur Geschichten über unsere Schönheit und Eitelkeit zu hören bekommen wirst. Wie sonst könnten wir in diesem großen, mächtigen Ozean so gut leben? Die Antwort für uns – und auch für dich – lautet, dass wir Kraft entwickeln und durchhalten, wenn andere nachgeben oder kehrtmachen würden. Wir tun das nicht. Wir sind stärker. Und du auch!

Umgedreht:

Vielleicht hältst du dich für zu schwach oder körperlich unfähig, eine Aufgabe zu Ende zu führen. Und vielleicht bist du auch der festen Überzeugung, dass es keine Möglichkeit gibt, mehr Kraft aufzubauen.

Aber es ist nicht immer nur eine Frage der physischen Fähigkeiten – oft ist es die erstaunliche Ausdauer deines Geistes, deiner Seele und deiner schöpferischen Kraft, die dich dazu bringt, einen Schritt weiter zu gehen, dich noch ein bisschen mehr anzustrengen, dich bis an die äußersten Grenzen deiner Leistungsfähigkeit zu fordern, über deine Komfortzone hinauszuwachsen.

Vielleicht fürchtest du auch, dass es deine Intuition schwächen würde, wenn du dich mehr auf dein Ziel fokussierst und geistig und körperlich stärker wirst.

Prophezeiung:

Genau wie diese Meerjungfrauen erreichst auch du nun eine wichtige Etappe deiner Reise, und es ist wichtig, jetzt nicht aufzugeben. Es wird Zeiten geben, in denen du genug hast und plötzlich nicht mehr weiterwillst – in denen du lieber sinken als schwimmen möchtest. Doch die Meerjungfrauen bitten dich, weiterzuschwimmen, auch wenn du noch so müde und voller Zweifel bist. Jetzt mobilisiert sich die zweite Hälfte deiner Kraft. Sie wird zum Vorschein kommen, und zwar genau dann, wenn du drauf und dran bist, aufzugeben. Mach weiter. Du bist stark. Und du wirst noch viel weiter kommen, als du es dir momentan zutraust! Jetzt ist nicht der richtige Zeitpunkt, um zurückzulaufen oder dich einfach willenlos von den Wellen mitreißen zu lassen! Jetzt ist es an der Zeit, die Reise fortzusetzen, die du dir vorgenommen hast – denn das ist eine Prüfung, und du kannst sie bestehen. Aber du darfst dich nicht unterkriegen lassen. Schau nach vorn. Konzentriere dich.

Hab dein Ziel klar vor Augen!

Nimm dir noch einmal fest vor, es zu erreichen!

Und mach weiter.

44. HEIMAT

Ankunft • Eine Reise endet
Etwas erschaffen oder aufbauen
Sesshaft sein

Die Meerjungfrauen singen:

Es gibt eine Zeit, um auf Reisen zu gehen und neues Terrain zu erkunden. Es gibt eine Zeit für Abenteuer und Ungewissheit. Es gibt eine Zeit, in der man ein Fremder ist, ein Ausländer, der von woandersher kommt. Und es gibt eine Zeit, um nach Hause zu gehen.

Dieses Zuhause ist kein Himmel, wie so viele von euch immer gedacht und gelehrt haben. Es ist nicht der Ort, der nach dem Tod weiterexistiert. Es ist ein Ort hier auf dieser Erde – der Ort, wo dein Blut und deine Knochen herkommen und wo du jetzt hinschwimmen würdest, wenn du die Ausdauer unserer Freunde, der großen Blauwale, hättest. Die Schildkröten kennen ihr Zuhause – den Platz, wo sie geboren wurden. Und ihr Menschen habt sogar gleich mehrere »Zuhause«. Das eine ist die Heimat eurer Vorfahren – wo euer Blut herstammt.

Wir fragen dich jetzt: Wo liegt diese Heimat? Weißt du das? Wenn nicht, wird es Zeit, es herausfinden. Das zweite Zuhause ist euer Geburtsort, mit dem ihr eure ersten Erinnerungen in diesem Leben verbindet – der Ort, wo eure Geschichte begann und wo ihr angefangen habt, den Menschen zu formen, der ihr heute seid. Erinnerungen und Lektionen, Freundschaften und Freuden der Kindheit. Vielleicht solltest du jetzt auch mit diesem Raum und diesem Ort wieder Verbindung aufnehmen – ein bisschen zurückschauen, denn Erinnerungen sind wie Wasser: Es tut ihnen gut, wenn man sie ab und zu aufrührt, hin und her schiebt, neu zusammensetzt, darüber nachdenkt. Und das dritte Zuhause? Das ist der Ort, wo ihr wiedergeboren wurdet und in diesem Leben immer wieder neue Wiedergeburten erfahren werdet. Der Ort, an dem ihr zu eurem wahren Ich heimgekehrt seid. An dem ihr gespürt habt, dass ihr euch hier wohl und glücklich fühlt. Vielleicht ist das nur ein ganz bestimmter Augenblick – etwas scheinbar Unbedeutendes. Doch wir alle besitzen sie, diese Heimstätten in unserem eigenen Inneren.

Und jetzt ist für dich die Zeit der Heimkehr gekommen – es ist Zeit, die Orte, Menschen, Gedanken und Geschichten kennenzulernen, die deine Seele geformt haben. Lerne sie kennen. Komm nach Hause. Statte einmal einen Besuch in deiner alten Heimat ab.

Und erfahre wieder, wer du bist, ehe deine nächste wundersame Reise beginnt.

Umgedreht:

Obwohl du im Grunde deiner Seele weißt, dass es Zeit ist, wieder zu den Anfängen zurückzureisen – wieder mit deinem Herkunftsort, deiner Herkunftsfamilie und den Geschichten, Ereignissen und Menschen Verbindung aufzunehmen, die dich geprägt haben –, gehst du dieser Rückkehr aus dem Weg und bewegst dich stattdessen vorwärts, ohne daran zu denken, wie die Vergangenheit auch heute noch deine Gegenwart miterschafft. Genauso, wie sie auch deine Zukunft prägen wird. Irgendwie willst du dich nicht niederlassen oder hast das Gefühl, nur im Umherschweifen liege wahre Befriedigung. Es ist an der Zeit, eine Sehnsucht nach zu Hause in dir aufzubauen und dir dieses Heimweh auch einzugestehen. Es ist Zeit, deine Geschichte und deine Seele neu zu formen, indem du mehr über die Vergangenheit erfährst. Und es ist Zeit, dass du aufhörst, vor bestimmten Aspekten dieser Vergangenheit davonzulaufen, weil du Angst hast, sie dir anzuschauen.

Prophezeiung:

Es liegt Weisheit in den heimischen Gefilden; ein Teil von dir gehört dorthin und muss auf einer tiefen Ebene wieder Verbindung dazu aufnehmen. Traditionen, uralte Gepflogenheiten oder auch ganz einfache Dinge – beispielsweise alte Rezepte oder althergebrachte Vorgehensweisen bei bestimmten Aktivitäten des täglichen Lebens – werden jetzt wieder zu dir zurückkehren. Integriere sie in dein Leben, dann wird dich ein tiefes Gefühl des Zuhauseseins überkommen, egal, wo du gerade bist; denn dann trägst du alle Aspekte deines Ichs in dir, kennst sie, gestehst sie dir ein und bringst sie auf gesunde Art und Weise zum Ausdruck. Finde einen Ort, den du dein Zuhause nennen kannst, und lass dich dort für eine Weile nieder.

Lege dich auf den Ort fest, an den du gehörst. Du bist ein Teil davon, er ist ein Teil von dir, und du kannst dich nicht einfach davon trennen, ohne einen Teil deiner eigenen Seele, deines innersten Ichs hinter dir zu lassen.

45. IMRAMA

Wunderreise • Tiefe Wasser überqueren • Pilgerfahrt Seelenreise

Die Meerjungfrauen singen:

In den großen Sagen und Legenden der Kelten hast du das Wort »Imrama« gehört ... Und du hast auch von den vielen Inseln gelesen, von den Meeren, die durchquert werden müssen, der neunten Welle und all den Orten, zu denen du reisen kannst. Wir sind gekommen, um dir ein Lied von der Seelenreise zu singen, auf die du dich jetzt begeben musst. Wir fordern dich auf, uns bei den Händen zu fassen und zu schwimmen. Schwimm mit uns, segle und paddle Seite an Seite mit uns durch den Ozean, und wir werden dir zeigen, wie du dich durch die großen Strömungen hindurchmanövrieren und die Welt der Luft und des Wassers durchqueren kannst. Du hast dich schon viel zu lange in verschiedene Teile aufgespalten, hältst deine Gefühle fein säuberlich vom Kopf getrennt. Auf der Imrama werden all die klaren Linien, die du gezogen hast, verschwimmen, und manchmal wirst du nicht mehr wissen, was real ist und was nicht. Doch wir werden dich die ganze Zeit über mit unseren Gesängen leiten, werden nach dir rufen, damit du deine Seelenreise weiterverfolgst. Mach dich darauf gefasst, wundervolle Dinge zu schauen – Geschöpfe, die über dein kühnstes Vorstellungsvermögen hinausgehen – und neue Erkenntnisse darüber zu gewinnen, wer du bist. Du wirst auf dieser Reise so viele Erfahrungen sammeln und so ehrfurchterweckende Dinge erleben, dass du vielleicht manchmal das Gefühl hast, zu träumen. Aber das ist kein Traum. Du begibst dich auf eine Imrama, und alles, was dir dort begegnet, ist das Unbekannte. In Ländern voll fremder Menschen wirst du unendlich viel lernen; der von Insel zu Insel reisende Odysseus wird dein Seelenverwandter sein. Und du wirst entdecken, dass die Meerjungfrauen gar nicht jene Sirenen der Mythologie sind, sondern Navigatoren, die dir den Weg durch die emotionale Unterwelt zeigen und dir helfen, ans andere Ufer zu gelangen und deinen Horizont zu erweitern, während du den Wind in deinen Haaren spürst ...

Umgedreht:

Du beharrst darauf, alles lernen und erfahren zu können, was du wissen musst, ohne dich von der Stelle zu bewegen. Du verlässt dein Zuhause nicht, wagst dich nicht einmal aus bestimmten Räumen heraus – du beschäftigst dich nur über das geschriebene Wort mit der Welt und dir selbst oder willst nur die Geschichten hören, die andere dir von ihren Reisen erzählen. Du glaubst, keine andere Möglichkeit zu haben, als dich von deinem eigenen bequemen Lehnstuhl aus auf Entdeckungsreise zu begeben; du erwartest, neue Leute kennenzulernen und zu finden, wonach du suchst, ohne vor die Tür zu gehen. Du schaust immer nur in dich hinein, verlässt dich nur auf dich selbst, statt nach den neuen Ländern, Menschen und Orten Ausschau zu halten, nach denen deine Seele dürstet! Du planst Reisen und Abenteuer, verfolgst diese Pläne aber dann nicht weiter. Du meinst, einfach nur etwas über eine Sache zu lesen, sei das Gleiche, wie sie zu tun; du glaubst, dass die Seelenreise in deinem Leben bereits stattgefunden hat – findest Ausreden und Gründe, die dich daran hindern, etwas zu unternehmen. Inzwischen hältst du dich schon so lange in deinem vertrauten Terrain auf, dass es schal und langweilig geworden ist. Du fühlst zwar einen inneren Impuls – den Drang deiner eigenen Seele –, etwas Wichtiges an deinem Leben zu verändern und auf die Reise zu gehen, weichst dieser Möglichkeit aber letztlich doch aus.

Prophezeiung:

Dir steht nun bald eine große Reise bevor; du wirst über das Wasser fahren und an einen Ort gelangen, nach dem deine Seele sich schon lange sehnt.

Dort gibt es für dich so viel Wundervolles zu entdecken und kennenzulernen; doch irgendwann wirst du den Ruf vernehmen, weiterzureisen. Du wirst nicht dort bleiben, denn es ist nicht dein Zuhause; aber deine Seele muss diese Orte erkunden, um mehr Lebenserfahrung zu sammeln. Die Imrama oder Pilgerreise über das Wasser wird von den Meerjungfrauen behütet – und wir alle müssen sie in unserem Leben irgendwann einmal machen.

Du bist nun dazu aufgerufen, dich darauf vorzubereiten – Geld zu sparen, die Reise zu planen, die Tickets zu kaufen und deinen Pass bereitzuhalten! Du kannst alles planen, was du möchtest – denn letzten Endes wird die Reise dich überall hinführen, wo du willst!

Sei bereit – denn das wird eine wundervolle Reise sein, und hinterher wirst du froh sein, auf uns gehört und diese Seelenpilgerfahrt unternommen zu haben!

Die Meerjungfrauen werden dir auf deiner Reise weiterhelfen – und was für schöne Dinge du unterwegs entdecken wirst! Sag ja, denn jetzt ist es an der Zeit aufzubrechen; und komm erst wieder zurück, wenn deine Imrama, deine Seelenreise, auch wirklich zu Ende ist.

ÜBER DIE AUTORIN

Lucy Cavendish betreibt an jedem einzelnen Tag Magie. Das ist ihr Credo, um Glück und persönliche Erfüllung zu finden. Für sie gehört Magie zu einem Glaubenssystem, das uns alle als Teil der Natur betrachtet und dazu aufruft, hier auf diesem Planeten mit Respekt, Verehrung und Freude unsere einzigartigen Erfahrungen zu machen.

Neben mehreren Büchern hat sie fast zwanzig Kartensets veröffentlicht, darunter zahlreiche Bestseller. Am bekanntesten sind die auch auf Deutsch erschienenen Sets *Shadows & Light-Orakel*, *Verborgene Welten* und das *Orakel der Meerjungfrauen*. Sie gründete schon früh das Magazin *Witchcraft*, dessen Herausgeberin sie fünf Jahre lang war, und gehört zu den Gründungsmitgliedern der Goddess Association of Australia. Außerdem betreibt sie den Blog *The Witchcast*, tritt regelmäßig in Rundfunk und Fernsehen auf, ist eine begeisterte Bücherhexe, die Features für die Zeitschriften *Spellcraft Magazine* und *Spheres* schreibt, hat Beiträge für Anthologien wie *Disinformation's Pop Goes the Witch!* verfasst und liebt es, Menschen in ihren Workshops mit faszinierenden Erlebnisreisen zu verzaubern. Ihre Werke finden Anklang bei modernen Suchenden, die ein Leben voller Mut, spiritueller Abenteuer und bereichernder Magie führen möchten.

Lucy sagt über sich: »Ich liebe die Natur, den Ozean, Tiere und Menschen, in einer sich ständig verändernden und durcheinander gewürfelten Reihenfolge, und ich liebe es, uralte Orte auf dieser erstaunlichen Welt zu erforschen, Sterne zu beobachten, Tag- und Nachtträumen nachzugehen, Wellen zu fangen, Bäume zu entdecken, mit denen man plaudern kann, und bezaubernden Menschen zu begegnen. Ich liebe Bücher, offene Kamine, den Ozean, Freundlichkeit, Lachen, Schönheit, Kreativität und meine Familie und Freunde.«

Die Australierin lebt die meiste Zeit an mehreren Orten ihres Landes abwechselnd, irgendwo im weiten New South Wales, zusammen mit einem Künstlersohn, einem Experten für umweltfreundliches Bauen, roten und schwarzen Hunden, Kräutergärten, Surfbrettern und viel zu vielen Büchern, Kristallen und spirituellen Sammlerstücken aus der ganzen Welt.

Besuche Lucy auf
www.lucycavendish.com.au

ÜBER DIE ILLUSTRATORIN

Selina Fenech wurde im Jahr 1981 als Tochter australischer und maltesischer Eltern geboren und lebt mit ihrem Mann, einer namenlosen Katze und einem viel zu schlauen Lori in Australien. Selina hat ein bewegtes Leben hinter sich: Sie hat bereits einen antiken römischen Schatz entdeckt und den Krebs überlebt. Bei ihrer Hochzeit veranstalteten Ritter ein Turnier. Sie hat außerdem einen Roman geschrieben und bisher jedes noch so abenteuerliche, wundervolle Essen verzehrt, das man ihr vorsetzte. Ihre Kunstwerke wurden in Büchern und Zeitschriften auf der ganzen Welt abgedruckt und sind auf den verschiedensten Lizenzprodukten zu bewundern: von T-Shirts über Briefpapier und Figuren bis hin zu Schmuckstücken. Ihre Werke wurden von Kunden und Sammlern in über 35 Ländern weltweit gekauft. Seit ihrem dreiundzwanzigsten Lebensjahr lebt sie von ihrer Kunst.

In ihren Arbeiten kombiniert Selina meist mehrere Techniken, denn sie versucht immer das beste Ausdrucksmittel für ihr jeweiliges malerisches Konzept zu finden und experimentiert gern. Als Ausgangsmaterial verwendet sie normalerweise entweder Wasser- oder Acrylfarben auf Papier; diese Farben ergänzt sie durch Tusche, Bleistift, Pastellfarben, ja sogar digitale Elemente, um den gewünschten Effekt zu erzielen.

»Als Künstlerin male ich aus einem echten, dringenden Bedürfnis heraus, etwas Schönes und Magisches zu erschaffen. Diesem inneren Bedürfnis gebe ich nach, wenn ich meinen Pinsel auf das Papier setze. Aber es stellt sich keine Magie ein, solange man sie nicht mit anderen teilt, auch keine Freude an Farben und Formen – es sei denn, unsere Mitmenschen bekommen sie zu sehen. Deshalb möchte ich euch allen dafür danken, dass ihr euch meine Kunstwerke anschaut und ihre Magie dadurch wahr werden lasst, dass ihr die Bilder, die ich mit Bleistift und Farbe eingefangen habe, in euren Augen und eurem Geist zum Leben erweckt. Ich hoffe, euch mit meinen Werken eine Inspiration sein zu können.«

Selina hat bereits die Kartensets *Wild Wisdom of the Faery Oracle* und *Oracle of the Dragonfae* von Lucy Cavendish mit ihren Kunstwerken bereichert.

Besuche Selina auf
www.selinafenech.com

Das Bestseller-Kartenset ...

Pavlina Klemm
HEILSYMBOLE & ZAHLENREIHEN
44 Energiekarten plus Begleitbuch

AMRA Verlag
24,99 [D] / 25,70 [A]
ISBN 978-95447-376-2
Set in Klappschachtel!

Vom Aufbau des lichtvolles Schutzes bis zum Segen für dich selbst und andere, vom Vergebungsritual über Zahlenreihen bis zur Durchlichtung der Chakren, energetischen Unterstützung des Herzorgans, Ausleitung von Krankheitserregern und Kontaktaufnahme mit deiner Familie im Licht ... Dieses Kartenset enthält alle gechannelten Hilfsmittel aus Pavlinas ersten sieben Büchern, den CDs und Veranstaltungen.

Zur Aktivierung der Karten genügt die reine Absicht.

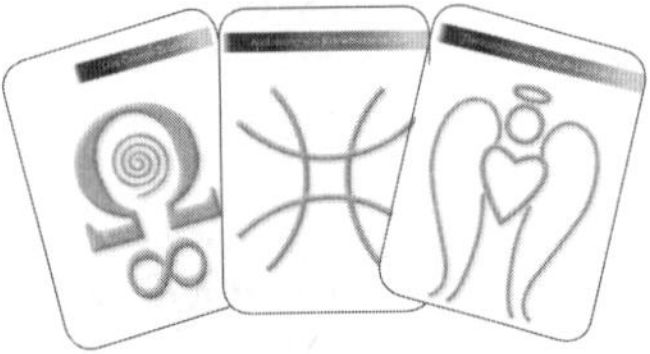

Aus dem Vorwort von Pavlina Klemm ...

»Vertraue bei dieser energetischen Arbeit auf deine Intuition und lasse dich führen. Deine Realität kann schon sehr bald heilen.«

Musterkarten auf www.AmraVerlag.de